苏霍姆林斯基教育经典丛书

给儿子的信

[苏] B.A.苏霍姆林斯基 著

张天恩 曲 程 吴福生 叶玉华 译

教育科学出版社
·北京·

总序 Ⅰ

瓦·亚·苏霍姆林斯基（1918—1970）是世界著名的教育家。20 世纪 80 年代，他的著作被引进到我国，一时风靡全国，教育研究者，中小学校长、教师对其表现出极大的热情，简直可以说是爱不释手。教育科学出版社就是最早引进苏霍姆林斯基著作的出版社之一。

20 世纪末，教育科学出版社策划出版了"20 世纪苏联教育经典译丛"，其中就收录了苏霍姆林斯基的教育经典著作，我曾经为这套丛书作序。在苏霍姆林斯基的教育经典著作中，《给教师的建议》发行了 200 多万册，创下了我国引进版教育理论图书出版的奇迹；《帕夫雷什中学》《怎样培养真正的人》《公民的诞生》《和青年校长的谈话》《要相信孩子》等也都成为常销书、畅销书。这一系列教育经典著作的出版，催生了人们对苏霍姆林斯基教育思想学习和研究的热潮。21 世纪初，教育科学出版社又策划出版了《苏霍姆林斯基选集（五卷本）》，更为系统地介绍了苏霍姆林斯基的教育思想，将我国对苏霍姆林斯基教育思想的学习和研究活动推向了新的高度。该套书先后荣获了"第六届国家图书奖"提名奖和"第三届全国教育图书奖"一等奖。

20 世纪 80 年代，在引进和介绍苏霍姆林斯基教育思想方面，国内多所大学以及教育研究所做出了自己独特的贡献，如北京师范大学外国教育研究所（现北京师范大学国际与比较教育研究院）、中央教育科学研究所（现中国教育科学研究院）比较教育研究室、华东师范大学比较教育研究所等，都曾组织研究人员翻译、介绍苏霍姆林斯基的著作，这为苏霍姆林斯基教育思想在我国的普及推广奠定了重要基础。

现如今，苏霍姆林斯基的育人成就和教育思想在我国教育界可以说是无人不知、无人不晓。几十年来，我国教育界对他的研究和借鉴可谓经久不衰。他对儿童的热爱、对教育事业的忠诚以及睿智的教育思想，一直鼓舞、激励着我国千百万教师不断改进教育教学工作，为培养一代代合格的社会主义人才而奉献自己的力量。我国的许多中小学开展了苏霍姆林斯基教育思想实验研究，取得了卓越成效。一大批苏霍姆林斯基式的优秀中小学教师也不断成长起来。

从 1948 年到 1970 年离世，苏霍姆林斯基一直执教于乌克兰帕夫雷什中学。在这里，他不仅实现了自己的教育理想，而且著书立说，详尽地论述了他的教育思想和实践经验。我最初读到《我把心给了孩子们》这本书时，心灵就受到了震撼。作为一名教师，最宝贵的品质莫过于热爱孩子、相信孩子、尊重孩子，把整个心灵献给孩子。苏霍姆林斯基对孩子火一般的热情，值得每一位教师敬佩！

改革开放四十多年来，各种外国教育思想如潮水般地涌入中国，但是我国中小学教师仍然念念不忘苏霍姆林斯基。他的事迹和思想，只要是教师，看了无不为之感动。这是因为苏霍姆林斯基的教育思想具有科学性、人文性、先进性、深刻性、丰富性。他懂得儿童的心，并用自己的满腔热忱浇灌儿童的心灵。

苏霍姆林斯基教育思想的核心是人道主义。"相信人，相信每一个孩子"是他的教育信条。他说："我认为，对人漠不关心是最不能容忍、最危险的一种缺点。"他又说："每一个儿童身上都蕴藏着某些尚未萌芽的素质。这些素质就像火花，要点燃它，就需要火星，……教育最重要的任务之一，就是不要让任何一颗心灵里的火药未被点燃，而要使一切天赋和才能都最充分地发挥出来。"

苏霍姆林斯基毕生为之奋斗的教育目标是培养真正的大写的人，使其得到和谐全面的发展。他认为，我们要培养的，不只是有知识、有职业、会工作的普通人，更是要培养真正的大写的人，就是有神圣的信仰、有高尚的精神生活、有理想、关心他人、关心集体、智力丰富、体魄健壮、懂得奉献、心地善良、有教养的人。在他看来，时刻不能忘记："有一样东西是任何教学大纲和教科书，任何教学方法和教学方式都没有做出规定的，那就是儿童的幸福和精神生活。"他说："我认为教育的理想就在于使所有的儿童都成为幸福的人，使他们的心灵由于劳动的幸福而充满快乐。"

苏霍姆林斯基非常重视学生的个性发展。他认为，学生不是抽象的而是具体的。学生的禀赋、才能、爱好和特长是各不相同的，要使它们充分发展，就要提供良好的条件。他说："教学和教育的艺术和技艺就在于揭开每个儿童的力量和可能性。"他在帕夫雷什中学不仅当校长，更主要是当教师。他从一年级教到十年级，在整个基础教育阶段始终陪伴在孩子们左右。他研究每一个孩子，根据每一个孩子的特点引领他们成为和谐全面发展的人。

苏霍姆林斯基的一生虽然短暂，但他充满智慧的教育理念和对教育事业的满腔热忱已然书写在人类的教育史上，永放光辉。

今天，在风云变幻的世界中、在多元文化的交汇中，更需要发扬苏霍姆林斯基的人道主义精神和爱的教育。正如联合国教科文组织2015年的报告《反思教育》中所说的：教育要尊重生命、尊重人类、尊重和平，为人类的可持续发展承担责任。

在我国教育迈入新时代的关键时期，教育科学出版社站在新的时代高度，以以往出版过的具有良好口碑的多部苏霍姆林斯基教育经典著作为基础，高标准重新策划编纂了这套"苏霍姆林斯基教育经典丛书"，我对此深表赞同。这套书不仅可以帮助广大教师全面系统地了解苏霍姆林斯基的教育思想，更有助于教育研究者们结合我国的国情和教育发展的实际，去推进教育改革，为培养新时代的和谐全面的创新人才提供有力的支撑。

教育科学出版社是一家专业集中度很高的教育出版社，在出版教育经典图书方面有坚实的基础和雄厚的积淀。我相信他们一定能够进一步整合优质资源，在内容的专业性、词语的精准性、语句的凝练性与生动性以及版式的精美化等诸多方面做进一步完善，为我国广大教师奉献一套了解、学习、践行苏霍姆林斯基教育思想的高品质图书。

2022 年 3 月 4 日

顾明远：我国当代著名教育学家，新中国比较教育学科奠基人，中国教育学会名誉会长，北京师范大学资深教授、博士生导师。

总序 II

　　20 世纪 80 年代，随着改革开放帷幕的拉开，一批优秀的国外经典教育名著的陆续引进，极大拓展了我国教育理论工作者的视野。一方面，先前人们知之甚少的欧美国家的教育理论著作接连问世；另一方面，带着新鲜血液的苏联教育理论著作也重新出现在人们面前。彼时，刚刚成立不久的教育科学出版社，基于对苏联教育曾经且仍将对新中国教育产生深刻影响的敏锐判断，遴选苏联教育理论著作中的瑰宝，及时出版了一些苏联教育经典著作，引领了我国教育界学习苏联教育理论的热潮。20 世纪末，教育科学出版社精益求精，将更多的苏联教育经典著作整合在一起，成功推出了"20 世纪苏联教育经典译丛"，更是将学习、研究和践行苏联教育理论的活动推向了高潮。"20 世纪苏联教育经典译丛"包括赞科夫的《和教师的谈话》，巴班斯基的《教学教育过程最优化》，苏霍姆林斯基的《给教师的建议》《帕夫雷什中学》《要相信孩子》等数十部经典著作。二十多年来，这些经典的教育理论图书对我国的教育理论研究及学校的教育教学实践产生了极大的影响。其中，发行量最大、影响力最为深远的，则非苏霍姆林斯基的教育著作莫属。

　　苏霍姆林斯基的教育理论与实践体系是一个具有无穷价值的教育思想宝库。这一体系虽根植于苏联，其影响却几乎遍及世界。苏霍姆林斯基全面和谐发展的教育理论与实践对我国基础教育界的影响尤为突出。他毕生强调的"以人为本"的和谐发展观、"育人以德为先"的人学教育思想与实践对当今我国落实立德树人的教育根本任务极具借鉴价值。无论是诠释立德树人教育的实质含义，还是分析以人为本、德育为先、全面发展的教育目标，抑或是实施五育并举、五育融合，落实"双减"政策，我们都可以从这位教育大师的"活的教育学"中获得启迪。他坚持丰富人的精神世界，将道德高尚置于人的品质的首要地位；他主张德智体美劳五育必须相互渗透，告诫教师不仅要讲授知识，还要培养学生树立对知识的正确态度，强调学校里的学习不是毫无热情地把知识从一个头脑里装进另一个头脑里，而是师生间每时每刻都在进行的心灵的接触；他提出人格必须用人格来影响，教师的人格是进行教育的基石，学生是教师教育教学工作的一面镜子；他坚信自我教育是人全面和谐发展的重要动力，必须唤醒学生内在的学习愿望和憧憬幸福人生、争做好人的愿望；他思考家庭教育的意义与潜能，探究学校、家庭、社会的教育合力……。总之，在培养德行为先、全面和谐发展的人方面，苏霍姆林斯基的教育遗产是当之无愧的教育百科全书。

苏霍姆林斯基善于以通俗、精准、趣味、平实、触动人心的语言将自己的教育理念、教育主张和教育实践鲜活地呈现于著作中。研读他的著作，总有一种置身于教育现场，随时与其对话、产生共鸣的亲切感，我们用"常读常新""常读常悟"来概括读后的感受一点也不为过。翻开这些著作，就仿佛走进了大师的教育现场，按下了聆听手把手的师徒辅导、教育解惑、教学答疑的"直播按键"。大量生动形象的案例及分析使人身临其境，仿佛在与大师共同思考、共同感受对教育的追求，对学生的热爱，对教师的认同，对人性的尊重。我们总能从中获得一些表达感悟的关键词：喜欢——其娓娓道来的生动描述令人喜欢上教育；思考——其议叙结合的丰富内容能促使人不由自主地思考教育问题；发现——其关于教育现象与本质的深入思考能让人发现教育中的问题和美；创造——其用经验与智慧建构的教育现场能引起人强烈的参与、对比、探究和创新的欲望……

苏霍姆林斯基的名字在 20 世纪 50 年代就已经走出苏联，走向了世界。半个多世纪以来，他的著作已经被翻译成 59 种文字，总发行量早已超过 500 万册。但就国际知名度而言，苏霍姆林斯基的名字在中国无疑是最响亮的，即使是在他逝世五十多年后的今天，他的名字在我国教育界依旧光鲜响亮，苏霍姆林斯基依然被推崇、被爱戴着。

2020 年是苏霍姆林斯基逝世 50 周年，按照国际版权公约，他的所有著作此后均进入公版。国内掀起了新一轮苏霍姆林斯基著作的出版热潮，其中夹杂着一些蹭热度、以追求高商业效益为目的、品质不高的图书，客观上给广大中小学教师选择高品质的苏霍姆林斯基教育著作造成了不少困惑。

基于新时代广大教育工作者研学苏霍姆林斯基教育思想热情持续升温的新形势，教育科学出版社及时做出研判，决定对原有的苏霍姆林斯基教育经典著作进行全方位升级。一方面，依托长期以来在苏霍姆林斯基教育著作出版方面的雄厚积累，进一步整合优质资源；另一方面，推出几部苏霍姆林斯基原著的最新译本，展示苏霍姆林斯基教育思想的更多侧面。所有这些工作将促成"苏霍姆林斯基教育经典丛书"的全新面世。感谢教育科学出版社为广大教育者奉献出一套符合我国教育发展时代节奏的、内容全面系统的，有助于广大教师学习、领悟、践行的苏霍姆林斯基教育思想的高品质的图书。

教育科学出版社不仅是国内最早出版苏霍姆林斯基译著的出版

3

社之一，而且也是创造苏霍姆林斯基教育著作中文版发行量之最的出版社。四十余年间，仅《给教师的建议》单行本就数次再版，发行总量已超 200 万册。这个数字本身不仅显示了苏霍姆林斯基教育著作对中国教育的影响力，同时也是对出版社高标准的图书编辑质量和高品质的图书出版水平的最好证明。

我认为，教育科学出版社出版的这套丛书不仅高度契合"弘扬教育学术，繁荣教育研究，传播国内外先进教育理念，促进中国教育改革与发展"的出版理念，而且充分体现出了教育科学出版社的责任担当与使命担当，为新时代中国教育改革的深入推进提供了聚焦现实、定位精准的教育服务和高品质的精神食粮，必须为这种"对使命负责、对学术负责、对专业负责、对读者负责"的举措点赞。我也和广大读者一样，热切期待全新的"苏霍姆林斯基教育经典丛书"早日出版。

毋需多言，苏霍姆林斯基教育思想宝库这份"活的教育学"富有强大的生命力，它可以留给历史、影响现在、启迪未来，它可以跨越时空、穿透教育、浸润心灵。

2022 年 3 月 8 日

肖甦：北京师范大学教授、博士生导师，中国教育学会比较教育学分会苏霍姆林斯基教育研究会会长，乌克兰"瓦西里·苏霍姆林斯基奖章"获得者。

目　录

第 1 封信

亲爱的儿子：

你好！

瞧！你从父母的巢中飞走了，住进大城市，在大学里念书，大概觉得自己已经是一个自立的人了。我根据自己的经验可以肯定，此时此刻的你，正在被急剧翻腾着的新生活的浪花所吸引，是不怎么想家的，不怎么想念我和你的妈妈，更不大会挂念我们。这一点，等到你熟知生活的时候会领悟到的。

这是我写给从父母的巢中飞走的儿子的第一封信，希望你终生留在身边，把它保存下来，反复地阅读，认真地加以思考。我和你妈妈都知道，现在的年轻人对父母的教导总有点不以为然。他们往往说：你们这些年长者看不见，也不理解我们年轻人所看见和理解的东西。也许事情果真如此……。也许你看了这封信以后，顺手就把它扔到很远的地方，以便忘却你爸妈的那些喋喋不休的说教。那你尽管扔好了，但我只要求你记住扔到什么地方去了，因为总有一天，你会再想起这些教诲的。到那时候，你就会发现：还是爸爸说得对。于是你将再次感到有必要重读一下这封已经被你忘怀了的旧信，你会把它找出来并且从头到尾再读上一遍的。因此，我劝你把这封信保存一辈子。

　　我父亲给我的第一封信，我也是一直保存着的。我离开父母身边到克列明楚格师范学院去上学的那年只有 15 岁，那是艰苦的 1934 年。我还依稀记得妈妈送我去参加入学考试时的情景。妈妈用一个旧的、但很干净的包袱皮，包上从箱子底找出来的新的粗麻布，再给我带上一个干粮袋，里边装着几块饼和两瓶炒豆……

▲ 苏霍姆林斯基及其家人（左一为他的儿子，右一为他的妻子，右二为他的女儿）

　　我的入学考试考得很不错。那时候中学应届毕业生的人数不多，所以也允许大学招一些七年制毕业生。于是，我的学习生涯便开始了。难啊，当一个人连肚皮都填不饱的时候，还要学习知识，那真是很难啊！但是，没有过多久，新粮就打下来了。妈妈把用新收下来的黑麦面烤好的第一个圆面包送给了我，我永远也忘不了那一天。圆面包是由一位叫马特维的老爷爷转交给我的，他是农村供销社的马车夫，每个礼拜都要进城一次去载运货物。圆面包放在一个干净的麻布口袋里，软绵绵、香喷喷，上面有一层松脆的面包皮。就在面包的旁边放着一封父亲的信，也就是我在上面谈到的父亲写给我的第一封信。我把它作为第一个座右铭，一直保存在身边。信中写道："我的儿子，你不要忘了面包这个最起码的生活资料。我是不信上帝的，但是，我认为面包是神圣的。让它在你的一生中也永远保持神圣吧！不要忘了，你是什么人，从哪儿来的。要知道，弄到这几片面包是多么的不容易。要记住，你爷爷——我的父亲是一个农奴。他是在手扶着犁耕庄稼地的时候死的。永远也不要忘本。不要忘了，此时此刻当你学习的时候，有人正在劳动，正在为你提供生活资料。即使你将来学成以后，当上了老师，也不要忘记面包是怎么来的。这面包是人类用劳动换来的，是未来的希望，而且永远是衡量你和你的子女们的良心的一把尺子。"

这就是我的父亲在给我的第一封信里所写的话。信中还另外附上几句话，说家里领到了按劳动日分配的黑麦和小麦，以后每周都将请马特维老爷爷给我捎面包来。

儿子，为什么我要给你讲这些事呢？不要忘了，我们的根本是劳动人民，是土地，是神圣的粮食。那些用自己的一闪念、一句话或一个行动对粮食和土地，对哺育我们的人民表示轻蔑的人，都应当受到诅咒。

我们的语言中有成千上万个词语，但是应当放在第一位的，我认为是三个词语：粮食、劳动、人民，这是我们国家赖以生存的三根支柱，是我们这个制度的本质所在。这三根支柱是如此牢固地彼此结合在一起，既不能把它们割断，也不能使它们分开。如果有人不懂得粮食、劳动和人民的意义，他也就不能再当人民的儿子。谁要是丧失了人民的优秀精神品质，谁就会成为脱离集体的人，成为不值得尊重的、没有人格的人。谁要是忘记劳动、汗水和疲劳是什么，他也就不会懂得珍惜粮食。如果有人败坏了这三根支柱中的任何一个，他就不能再成为真正的人，他的内心就会出现霉菌、蛀孔。

使我感到骄傲的是，你知道农田劳动的甘苦，你知道要取得粮食是多么不易。你是否还记得，某年五一节的前夕，我到你们班上去（好像当时你正在念九年级）转达农庄机械师的一个请求：放假期间请学生到田里去替一下班，让农机师们休息一下。你还记得吧，当时你们班上所有的年轻人都是一副不高兴的样子，你们是多么不愿意脱下节日的盛装穿上工人的连衫裤，坐到拖拉机驾驶盘的旁边，当一名拖车联结员啊！但是，两天以后，当你劳动完后回到家中，感到自己是一名劳动者的时候，你那两只眼睛闪耀着多么骄傲的神采！

我不相信那种权且称作"巧克力糖式"的共产主义。说什么一切物质财富极为丰富，所有的人都能得到充分的供应，仿佛只要一挥手就什么都有了，任何东西都可轻而易举地得到，一切都随心所欲。假如一切都真的变成这个样子，那么，鬼才知道，人将变成什么样子，也许会变成麻木了的动物吧。幸亏这种情况是不会发生的。不紧张，不努力，不想流汗和劳累，不经过一番焦急和不安，人们是什么也得不到的。即使进入了共产主义，人们也得把手磨出茧子，也得有不眠的夜晚。而最主要的，人们将永远赖以自立的是自己的智慧、良心、尊严。人们将永远得依靠自己的辛勤劳动获取食物，田野将永远是一片繁忙景象，人们在细心地照护那些牲畜和娇嫩的麦苗。让土地打出越来越多的粮食，人们的这种愿望是永无止境的，人类食粮的根本正是建立在这个愿望上的。

对这个根本，每个人都要加以珍惜。你来信说，很快你们将被派到农庄去参加劳动，这是很好的。听到这个消息我非常高兴。你要好好劳动，不要有负于你自己，也不要辜负爸爸和同学们的期望。干活的时候不要挑肥拣瘦，而要选择那些直接在大田里、在庄稼地里干的活儿。铁锹作为一种重要的农具，是可以用来大显身手的。

等到了暑假的时候，你可以到我们自己农庄的拖拉机队去劳动（当然，那是在不招募志愿垦荒队员的情况下，如果招募的话，你一定要报名去参加）。

"看看麦穗的长势，就可以了解种麦子的那个人。"我们乌克兰的这一民间谚语，你大概是熟悉的。每个人都为自己能给人们做点事情而感到自豪。每个诚实的人都想在自己培育出的麦穗上留下自己的一点心血。我在这个世界上已经活了差不多50年，我深深相信这一点，当一个人在田地里干活的时候，这种愿望是表现得最明显不过的了。盼望着你第一个大学暑假的到来，到时候我领你去见见邻近农庄的一个老人，他培育苹果树苗已经有三十多年的历史了。他可真算得上是自己这一行名副其实的能工巧匠。他所培育的苹果树，在每一个树枝上，每一片树叶上都浸透着他自己的心血。如果今天我们每个人都能像这位老人那样对待劳动，那就可以说，我们达到了共产主义的劳动境界……

祝你健康、美好、幸福！你妈妈和小妹妹拥抱你。昨天，她们已经给你写过信了。吻你。

你的父亲

第2封信

亲爱的儿子：

你好！

你从集体农庄寄来的信已经收到了。这封信使我很激动，彻夜未眠。我一直在考虑你写的这封信，当然也在想你。

一方面，你对那些浪费的现象深感忧虑，这很好。你在信中说，集体农庄有一个很好的果园，然而已经有超过 10 吨的苹果喂了猪，还有 3 公顷的西红柿剩下来没来得及收获，而农庄主席竟然下令拖拉机手翻耕了这块作业区，连一点痕迹都没留下。

但是，另一方面，使我感到吃惊的是，在你的信中，你仅仅停留于困惑不解却无所作为。面对这些令人气愤的事实，你只是张皇失措。

结果怎么样呢？你写道："早晨当我看见这块地被翻过了，我的心差点儿迸出来……"那么后来怎么样？你的心到底怎么样了？看来，它是逐渐平静下来了，并且像往常一样平静地开始跳动了吧？你的那些同学们的心呢，大概谁的心也没有从他的胸膛里跳出来吧！

这不好，很不好。你大概还记得，我给你讲过关于塔列兰 [①] 的事，

---

① 塔列兰（1754—1838）：法国外交家，路易十八时期的外交大臣，是权变多诈、毫无原则的政客。——译者

他是一个极其厚颜无耻、老奸巨猾的政客。他教训年轻人要害怕心灵中最初的一闪念，因为这最初的一闪念，通常是最善良的。而我们作为共产党员对青年的教导跟他完全不同，我们教育年轻人不要扑灭自己心灵中的第一次冲动，因为它是最高尚的。你就按照自己内心最初所提醒你的那样去做吧。压抑自己良心的声音，这是很危险的事情。如果你养成一种对某件事情毫不在乎的习惯，那你很快就会对任何事情也都满不在乎。不做违背自己良心的事，只有这样才能磨炼人格。

你把下边这一段摘自《死魂灵》中的话记到自己的笔记本上吧："当你告别温柔的青春年华，踏上人生旅途的时候，你要鼓起敢于面对严峻、冷酷事实的勇气，你要把人的一切内心活动随身带上，不要把它们留在路旁，不要等到以后再回过头来去拣拾！"对一个人来说，最可怕的是变成一个睁眼瞎的人，明明看见了，却装看不见，明明看见了，也不去想所看到的东西。善与恶在他看来都是无所谓的。面对邪恶和虚伪无动于衷，这是最可怕的。我的儿子，它比死亡，比任何最可怕的危险都更为可怕。

一个人没有信仰，就是一个懦夫，一个毫无价值的人。你既然确信，在你的面前发生了丑恶的事情，那就让你的心为此大声疾呼吧，出来和邪恶做斗争，让真理取得胜利！你问我："要阻止邪恶，那么，具体地说，我又应当做些什么呢？应该怎样和邪恶做斗争？"我不知道，也无意给你开一副药方。假如，我处在你去劳动的那个地方，假如我也看到了你和你的同伴所看见的那一切，相信我会知道自己应当怎么做的。

你以一种惊讶的心情写道：对这样一些现象，集体农庄的人们已经司空见惯而且谁也不去注意它。如果你和你的同伴也是那样，就更成问题了。永远也不要害怕表明自己的观点，哪怕你的想法是跟公认的准则背道而驰的。罗丹的这句话你也应当好好记住。如果我处在你那个位置的话，我会马上和同学们一块儿去找党的组织反映情况，说："这是怎么搞的？如果他们自己收不了西红柿，那么，就由我们这些大学生来收，决不能容许糟蹋人类的劳动啊！"如果仍没有结果，那就到区委会去。总之，把人民群众当家做主进行监督的责任真正负起来！我就不信所有的人对邪恶的事都是那样麻木不仁的，对缺点熟视无睹的，这是不可能的。

现在，你正在精神发展的阶梯上向上攀登，那你就不能光是环顾周围的人，看他们在做什么，他们怎么做。你应当独立地去思考，独立地去做出决定。

吻你。

你的父亲

第 3 封信

亲爱的儿子：

你好！

我很高兴，因为你能在来信中毫无保留地把所有的事情都坦率地跟我谈，谈你的思想、疑虑和不安。还有一件使我高兴的事，就是在艰苦而又紧张地劳动的日子里——夜里12点上床，早晨5点起床，在这种时候，你还激动地思考这些问题。你说，如果你起来反对那些不良现象，如果你起来为维护正确的东西而斗争，人们将会以一种惊异的眼光看你，把你看成一个标新立异的人。从这封信的字里行间我察觉到了一种沮丧的情绪，一种无可奈何的感伤。你写道："我感到，我们这里的人们把思想性看成是想去捞某种好处的道德资本。我已经不止一次地听到过，人们用怎样讽刺的口吻去说思想性这个词，'看你的思想性有多强！'这是怎么一回事？从前我以极其虔诚的心情去信仰那些有价值的东西，每当谈到它的意义，我的心就万分激动，难道今天这意义已经丧失殆尽？究竟应当怎样理解为理想而生活？"

好，我的儿子，这些问题使你焦虑不安，这很好。我为你，也为我自己感到非常高兴，因为你对周围的人们说些什么和想些什么并没有抱着无所谓的态度。

思想性、理想，这些都是伟大的、神圣的词。不管是谁，也不管他是自觉地还是不自觉地，如果他企图把人类思想的美加以庸俗化，用市侩的自负和淡漠、用庸人的嘲笑去玷污这个纯洁而庄严的词，那他就是在玷污人本身。思想性，这是真正的人性。你是否还记得歌德的话："凡是没有了思想的人，最终剩下的只是有一丝感觉的躯壳"。我还记得，这句话在你少年时代是怎样使你大为吃惊的。你当时还问我："那么是不是说人没有思想就变成动物了？"是的，我的儿子，一个人在他的心田里没有了思想，他就开始接近于动物，无异于行尸走肉了。

要记住，我想再对你说一遍，你要记住人们为了自己的理想不惜赴汤蹈火，上断头台，冒枪林弹雨。乔尔丹诺·布鲁诺本来是可以免于一死的，只要他说上一句话：我放弃自己的观点。然而，他没有说这句话，因为一种崇高的思想鼓舞着他，在成千上万无知庸人的嘶叫和嘲笑声中，他戴着丑角的尖顶帽，穿着画有魔鬼像的长袍去承受严刑拷打——他对自己充满崇高理想的信仰感到骄傲，毫不动摇，即使在那遥远的黑暗的时代，在他的视野里大概已经看到一枚火箭腾空而起飞向广袤的宇宙了。亚历山大·乌里扬诺夫①只要给"皇帝陛下"写上一封效忠信，沙皇就会宽赦他的性命，但是他没有这样做，他不能这样做。索菲娅·彼罗芙斯卡娅②只要说一句，她没有参与刺杀沙皇的计划，她就会被释放的，因为并没有确凿的证据证明她是有罪的。但是她不能这样

① 亚历山大·乌里扬诺夫（1866—1887）：俄国民意党的"恐怖派"组织者，列宁的哥哥。曾参加 1887 年 3 月 1 日刺杀亚历山大三世的活动，后在施吕瑟尔堡要塞被处绞刑。——译者
② 索菲娅·彼罗芙斯卡娅（1853—1881）：革命民粹派分子，民意党执行委员会委员，谋杀亚历山大二世事件的组织者和参加者。1881 年 4 月 3 日在彼得堡被处绞刑。——译者

做，因为对她来说，理想比自己的生命更为可贵，这个理想就是自由，是消灭暴君。理想能使人勇敢而无所畏惧。

如果我们国家的每一个年轻人都生活得充满崇高的理想，如果理想成为每个人良心的捍卫者，那么，我们的社会无疑将是一个思想、道德、精神都崇高美好的世界。到那时候，正像高尔基所向往的，每个人在别人面前都将像星星一样闪耀着光彩。但是，这一时刻不会自行到来的，我们需要为它的到来而斗争。最为艰难的事，摆在我们面前，包括我，也包括你和你的孩子们需要去做的事，那就是用崇高的共产主义思想来教育和鼓舞人们。

我的儿子，这种共产主义思想，比这个世界上任何东西都美好。我看过一本薄薄的书，叫作《献给暴风雨的心》，现在把它寄给你。这是伊朗共产党领导人霍斯洛夫·鲁兹贝赫在法庭上的一篇演讲。总而言之，这个人的整个一生都是有教育意义的。对于想要了解共产主义思想之美和其真正意义的青年人来说，他的一生，形象地说，是思想性的基本教材。霍斯洛夫·鲁兹贝赫是一个很有才华的数学家，他写了很多种科学著作，在他的面前展现着如花似锦的前程。但是，为使祖国摆脱暴政压迫而斗争的信念鼓舞着他，他加入了共产党，多年从事地下斗争。由于叛徒的出卖，他被捕了，受到审判被死刑所威胁。如果鲁兹贝赫请求宽恕，法庭是会赦免他的死刑的。然而，这位共产党员知道，在全国充满白色恐怖的残酷环境里，他如果请求免于一死，将会被同志们看成是一种背叛行为，他也会被看作可耻之徒。于是他说了下面最后的几句话：

"死总是不愉快的，特别是对那些在心里对光明和美好的未来充满希望的人，更是如此。但是，混迹于真理与邪恶之间苟且偷生，这是一个真正的人所不足取的。在生命的旅程上，永远也不要失去自己的基本目标。如果生命需要用受辱和被侮作代价去换取，要丧失人格，放弃自己的理想、信仰、政治观点和社会观点，那么宁肯一死也要保留这些清白。我独自选择了自己要走的路，我要沿这条路走到底……。我不认为自己是应当受到惩罚和犯有死罪的人，但是，我做人的尊严处于危机之中。我在这里郑重要求，可敬的法官先生，给我判处死刑吧。我提出这样的要求，是为了分享我那些已经牺牲的朋友们的光荣，也是为了蔑视那些威胁我的名誉的指控。我也好，我的那些由于从事政治活动而受到审判的同志们也好，我们都不是罪人。相反地，我们都是我们亲爱的祖国的公仆。我相信公正的、诚实的伊朗人民一定认为这一判决是专断的，并且最后将证明自己富有献身精神的儿子是无辜的。你们可以给霍斯洛夫·鲁兹贝赫定罪，但是，你们却审判不了善良的人性、正直、爱国主义、人道主义和奋不顾身的精神。"

你要记住这些话，我的儿子，让它成为照耀你生命的火花吧。

有些人对思想、思想性等词加以讽刺挖苦，认为英勇和思想是为了追求个人的功名利禄。对这种人的内心活动，我是很了解的。这种人的精神生活极其贫乏空虚，他们不了解崇高精神生活的真正意义，从而也就不可能了解什么是真正的幸福，他们认为具有崇高的思想就意味着成了思想的奴隶。照他们看来（这种看法并不是今天才产生的，它很早就从一个历史时期传到下一个历史时期），一个人一旦丧失思想，就不再会作为一个有人格的人而存在，而是变成行尸走肉。这是多么可怜而又可悲啊！人只有依靠思想才能获得自己的人格，也才具有创造性，才能成为为某种事业而献身奋斗的真正的战士。人不可没有思想，人应当充满具有崇高理想的巨大力量。

我们这个州有一位优秀教师，他也是我的好朋友，叫伊万·古里耶维奇·特卡琴柯。他是波格丹诺夫斯克中学的校长（你大概还记得，他曾经到咱家来过几次），在伟大的卫国战争时期，他参加了游击队，在离兹纳缅卡市不远的黑色森林里和法西斯分子打仗。不久以前，他向我讲述了一个激动人心的故事。想到你对思想和理想产生了怀疑，我觉得也应当把这个故事讲给你听听。

那是艰苦的战争岁月——1941 年的晚秋时节。法西斯的宣传喉舌大喊大叫说：红军已经崩溃，莫斯科指日可下。但实际上，法西斯们这时已经被有关游击队的消息吓得丧魂落魄了。在我们这个州里，游击队同样使德国人不得安宁。在离黑色森林不远的一个村子里，人民中的复仇者烧毁了司令部的汽车、电台，还杀了 3 个法西斯分子。法西斯分子决定暂时不采取镇压该村居民的报复措施，他们决定采取另一种更为狡诈的，像他们的宣传员所说的那种所谓"精神战"的办法。他们在村子的中心地方立起了一个很大的绞架，上边钉着一个用德语和乌克兰语两种文字写的布告牌，布告牌上说："假如在村子里出现哪怕一个游击队员，假如德国士兵因被游击队员刺伤而流出哪怕一滴血，假如有人说出哪怕是一句为游击队的强盗行为而辩解或支持的话，那么，就将在这个绞架上吊死 10 个最先被抓起来的居民。"法西斯分子把全村的人都赶到这个绞架旁，以便"解释"这道命令；后来，来了一个法西斯少校，他向村民们说："你们的红军不存在了，苏联不存在了，今后全部苏联领土都是属于德国国防军的。"村民们垂头丧气。正在这时，人群中走出一个年纪在 20 岁上下的小伙子，他面向这个少校大声喊道："不要相信法西斯分子。红军健在，苏维埃政权健在，莫斯科屹立不动，并且永远屹立不动。我是游击队的侦察兵。"

法西斯分子被这位英雄的大无畏精神吓得目瞪口呆，以致在刚听到这些话的一瞬间竟然不知所措。小伙子说完了他充满愤怒的一番话之后，从绒衣的袖口里掏出手枪对准那个少校打了一枪。等这帮法西斯匪徒清醒过来时，那个少校已经僵死在地上。小伙子被抓住了，被捆绑起来，最后被判处了死刑。执刑前，小伙子和一个游击队员被关在一个囚房里（此人后来跑了出来，我们从这个人的嘴里知道了一些有关这位英雄的情况）。"我不是游击队员，"小伙子说，"我是一个被法西斯分子俘虏的苏军战士。我受了伤，被抓去当了俘虏，后来跑了出来。我很偶然地跑到了法西斯分子驱赶村民去开大会的那个村子里。当那个少校说我们的军队垮了，说莫斯科即将陷落时，我见村民们非常沮丧，我的心就再也控制不住了。我知道，这样做是要牺牲的，但是我没有别的选择，我的话将会点燃人们心里对我们祖国必胜信心的火花来。敌人将会把我吊死在那里，就在那个村庄，在那个绞架上，他们还会把所有的村民召集来。死对于我来说将是最艰难的考验。不管怎么说，死总是可怕的。也许过一会儿我就要从这个世界上消失了，想起来很可怕，但我要在人们的面前经受住这个考验。必胜的信念支持着我，我为这个信念而生。"

他光荣地经受住了考验。在刽子手把绞绳套上他的脖子之前，他大声喊道："同胞们，不要向刽子手低头。绞架是无法吊死自由的。我为祖国而死。"

珍视思想的人，必然珍视自己的尊严。共产主义思想，用马克思的话来说"是不撕裂自己的心就无法挣脱的枷锁"。我相信，你一定会成长为一个真正的人。我们理想中的伟大真理将会和你的心融为一体。你要记住，人生在世不会总是一帆风顺和美妙动人的，你也会遇到丑恶的、肮脏的事情。你应当善于把这些东西和共产主义的伟大真理加以对照区别。思想性如果缺乏人的激情就会流为虚情假意。在我们的社会里有不少"维护正义的斗士""真理的探索者",他们不反对去"揭露"邪恶,但是他们认为"还是让民警去和这些现象作斗争吧"。这些蛊惑者、光说不做的人是最有害的。问题的关键不在于看到邪恶并且大声疾呼,而在于制服这些邪恶。有时需要的不是用嘴说,而是无言的行动。伊利亚·伊里夫和叶甫盖尼·彼得罗夫说得非常好:"应当不是为了一尘不染,而是为了打扫干净去斗争。"事实上,在我们这里还有很多必须"清扫"的东西。我相信,在你的人生道路上有时会碰到垃圾,这将不会使你气馁,也不会使你失望,更不会动摇你对善良的信心。善良必定胜利,但这一胜利的源泉来自人民,来自我们自己。

祝你身体健康,精神愉快。拥抱你,吻你。

你的父亲

第4封信

亲爱的儿子：

你好！

当我得知理想、生活的目的、真理、美正在使你感到激动的时候，我是多么高兴啊。很久以来，我都没有发现你对这些问题有过如此"狂热"的兴趣。我之所以高兴，也是因为我的信激起了你一连串的想法。造成这种思想激动的原因，大概是由于现在同你相处的都是一些新的人，每天你都能了解一些世界上最宝贵的、最奇异的对象，那就是人。了解人，也就是重新了解你自己。对我来说，这种热情的焕发还是在我刚去上学的时候。当我走进教室时，里面坐满了学生，对我来说，他们全都是一些新的人。在和他们相处的过程中，我仿佛是在"抖掉"自己身上的尘土，在"检验"自己的看法、信念，尽量看到自己的缺点，自己的优点。

你写道："在我们当前这个时代，未必能找到一个可说是理想的人。"从你的字里行间我还看到了一个令你忧心忡忡的问题："总的来说，在我们这个时代，还能有完美无缺的、合乎理想的人吗？"于是你得出一个武断的青年人惯有的论点："产生理想人物的时代已经过去了，英雄的时代一去不复返了……"

　　我还记得，在你去参加入学考试的前一天晚上，我们俩人之间有一场未完的争论（你记得吧，我们在果园里的一棵梨树下边，当我们辩论得最紧张的时候，你妈妈说："快到时候了，再有一个小时火车就到啦。"）。你强烈地坚持自己的意见：产生理想人物的社会环境，是在一切社会力量分成两个对立方面的时候，即一方是善，一方是恶的时候。拥护什么，反对什么，孰好孰坏，泾渭分明。然而，现在是另一种样子：为理想而进行的斗争已融入平凡的日常劳动之中。你举了一个例子：一个挤奶女工超过计划多挤出 1000 公升的牛奶，于是人们就把她作为英雄人物去谈论，英雄称号难道是这样容易获得的吗？对平凡的劳动（这本来是为生存而尽的一种义务）往往用"功勋"这样伟大的词语进行褒奖，是否过分了些？

　　你的这封信发展了你的这些思想。这是一个复杂而微妙的问题，特别是关于理想这个问题。首先应当弄清楚，所谓理想的，绝不是说没有缺陷、没有缺点的。人总归是血肉之躯而非钢筋水泥。我想，你不会否认保尔·柯察金是一位当之无愧的英雄吧！？但是，你是否记得，他在谈到自己时说过的一段话。下面就是他的话："我也办了不少错事，有的是由于糊涂，有的是由于幼稚，而更多的是由于无知。"英雄本人看到了自己身上的缺点，但是这些缺点并不能决定这位优秀人物的主要方面。最为主要的是，"在革命的红旗上也染有他身上的几滴血"。

　　这就是理想的含义。衡量理想的试金石，就是人的热情，是他为真理而战，为革命取得胜利而战的豪情壮志。我永远也不会忘记海明威说过的话："人不是为了忍受失败而被创造的……。可以把人消灭，但却不能征服他。"在海明威说这些话很久之前，人们已经从保尔·柯察金的口中听过这样的豪言壮语了。不仅仅是听到过这些话，人们还亲眼看见了他的功绩。

可以设想一下，让那些早已离开人世的人来看看我们今日平凡的劳动场景，在他们的心目中，公正的社会制度曾经是遥远的未来，是美好的、令人向往的幻想……。比如，亚历山大·乌里扬诺夫、斯捷潘·哈尔图林、索菲娅·彼罗芙斯卡娅……。你想想，他们会怎样看待我们今天的生活呢。当他们观察今天的生活，了解千千万万新世界建设者的劳动时，他们在内心深处会有何种感觉，会想些什么和说些什么呢？他们的心将会因惊异而颤动起来吧。他们将认为我们这个时代本身，我们的整个生活都是理想的。他们当中任何一位英雄都会说：这才是我为之献出生命的那种生活！

遗憾的是，我们自己并没有意识到这一点，忘记了我们生活在一个怎样的时代。英雄人物，就在我们中间，就在千百万"普普通通"的劳动者当中，他们甚至没有想过要当什么英雄，而且当有人对他们说，"你就是英雄"的时候，他们反而会感到吃惊。概念本身起了变化，在我看来，在"普通人""一般劳动者"这样一些词语里似乎包含着对人的某种轻视的意味。人是很不简单的。我们这个时代的人在田野里、在牧场里、在车床旁从事劳动，他们都是很不简单的啊！你谈到的那个挤奶女工，她的确称得上是一个理想的人、一个英雄。虽然她并没有做出什么丰功伟绩，但她的全部生活，就是一份功绩。她那沸腾的热血，洒落在革命的红旗上。为什么说她是一个英雄？为什么说她的生命就是功勋？这是因为她用自己的劳动给人们以崇高的精神力量。想一想吧，我的儿子，关于共产主义建设的目的。我们为了什么去劳动？这一切都是为了人类的幸福。共产主义并不是什么高悬在人群头上的某种高不可攀而又不可思议的东西，共产主义就存在于人类自身之中，存在于人类的幸福之中。建设共产主义，就意味着造福于每一个人，每一个家庭。然而，若没有一个幸福的社会这一点是做不到的。如果没有物质福利和精神福利，想要实现幸福简直是不可想象的。创造物质价值的挤奶女工，她的意义决不限于创造物质福利。如果没有像这个"普通的""平凡的"挤奶女工一样的劳动者，就不会有巴赫姆托娃的美妙歌曲，不会有肖斯塔科维奇的交响曲，也不会有科学院院士安巴尔楚米扬关于最新恒星说这一大胆假说的产生，也将不会有你上的那个大学，成千上万的首都居民也不会在这么安静的夜晚阅读有趣的书或到音乐会和剧院去。

她，正是这个挤奶女工，她明白自己是生活的创造者。这就是理想的实质寓于所谓"普通的""平凡的"人的身上，也就是劳动创造性的根本所在。理想的人，不是圣人，不是"光泽夺目"、白璧无瑕的人。

理想的事物，存在于我们生活本身之中。你仔细地看看自己的周围，观察一下人们，不要只是看表面现象，而是深入到他们的内心世界，你就会看到那种理想的事物。如果一个人的头上缺少一颗指路明星——理想，那他的生活将会是醉生梦死的。

祝福你，我的儿子，祝你身体健康、精神愉快。热烈地吻你。

你的父亲

第 5 封信

亲爱的儿子：

你好！

来信收悉。你们终于上课了。你在信中兴奋地谈到你们学校的无线电物理学和电子学研究室的设备是多么齐全完善。你确定了自己的专业，我们真为你感到高兴。如果你深信而且生活也将证实无线电物理学是你喜爱的专业，那么你将是一个幸福的人。人的志向不是别人强加给他的，如果从中学二年级起，你不钻研收音机示意图，不付出劳动，恐怕你不会形成这种志向。志向是天才的幼苗，经过热爱劳动的双手培育，在肥田沃土里将成长为粗壮的大树。不热爱劳动，不进行自我教育，志向这棵幼苗就会连根枯死。

确定个人志向，选好专业，这是幸福的源泉。马克·吐温写过一篇很有趣味的短篇小说，小说描写在"阴间"既没有天使，也没有圣徒，更没有过着神仙般的生活终日游手好闲的人。居住在天堂的人和居住在罪恶的人间的人一样，都过着需要劳动的生活。天堂和人间只有一点不同，那就是在天堂每个人都能按自己的志向工作。一个在人间默默无闻的鞋匠死后成了赫赫有名的统帅；一个在生前平庸无能但擅长书法的将军，死后却甘愿在司令部里做一名小文书；一个好写又臭又长的小说被

20

读者唾弃的作家，死后终于找到最适合他的职业，做了金属旋工；一个偶然做了一辈子教师，从未给自己和学生带来过欢乐的人，死后竟成了一个出色的会计师。

我不止一次地读过这篇优秀作品。如果在"尘世"，每个人都能各得其所，各尽其才，该有多么好啊！但遗憾的是，现实往往事与愿违。我认识许多不称职的专家：农艺师、教师、工程师、演员。如常言所说，他们劳苦一辈子，却对自己的工作漠不关心，苦度时光。最令人感到惋惜的是，他们不知道劳动的乐趣，从未感受过劳动给予他们的鼓舞，也从未对劳动产生过迷恋。

什么是生活的最大乐趣？我认为，这种乐趣寓于与艺术相近的创造性劳动之中，寓于高超的技艺之中。如果一个人热爱自己从事的劳动，他一定会竭尽全力使其劳动过程和劳动成果充满美好的东西。在信中，我对你谈过我们的园艺家和林学家耶菲姆·菲利波维奇。像他那样的人，我在一生中只见过十多个。他真是个了不起的人，精通本行业务。我在此毫无夸张之意，他完全可以和斯坦尼斯拉夫斯基、普拉斯托夫、肖斯塔科维奇、阿列克塞·乌列索夫等人相提并论。我现在给你谈谈这个人：他如同斯坦尼斯拉夫斯基创造形象、普拉斯托夫在画布上创作生活一样，他每天都进行树的塑造、创作和创造活动。我看到他不止一次地从多方面观察一棵小树，仔细端详，想找到唯一合适的嫁接点。从寻找嫁接点，小树生长出幼芽起，他就开始了魔术般的伟大劳动。在劳动中，他变成了本专业的自豪的创作者、艺术家和诗人。经耶菲姆·菲利波维奇之手培育出了一棵棵美丽俊俏的树冠。要想学会这种技艺，就必须同他一起干上好几年，这是认识人、理解美和艺术的过程。生活的伟大幸福就寓于这种劳动之中。在劳动的同时去认识自身的美，这才是真正的劳动。我在几千株 3 年小树中经常能找到耶菲姆·菲利波维奇栽种的树。他的树都朝向阳光，树枝修剪得均匀整齐，使每片树叶都能受到阳光照射，互不遮挡。

"您是怎样做的？"一次我问耶菲姆·菲利波维奇。"人的智慧就在指尖上。"他回答说，"我从 3 岁就开始干活了。我劝您也这样教育学生。不要忘记，每个人都应当成为本行的主人。如果当初我去学工程师、医生或教师的专业，恐怕一事无成，也许只能勉强糊口度日……"应当让每个人都燃起他内心的"火花"，只有这样才能培养出真正的人。

人的塑造者——教育工作者能够培养志趣爱好，但禀赋也起作用。你喜爱巴赫的音乐。大家都知道，约翰·赛巴斯蒂安·巴赫家族有 58 个音乐家。他的曾祖父是音乐家，祖父是音乐家，父亲是音乐家……甚至男婚女嫁也都在本族内部。似乎孩子一出生就确定了以后的职业：或成为作曲家，或成为著名的演唱家。为什么呢？为什么巴赫家族产生了 58 个著名音乐家呢？那是因为他们自己培养了自己的志向。在这个家族里，孩子们在生活中获得的第一印象是音乐；在周围世界中首先感受到的美是音乐旋律；首先引起他们赞叹的事物是音乐；他们感到人的骄傲首先是陶醉于音乐的美和去创作音乐。

人是自己的志向的主人。你感到做一个无线电物理学家非常幸福，认为自己十分热爱无线电物理学。我对你的这种喜悦和兴奋心情，并不感到十分惊讶。一个人会热爱他为之倾注心灵的事业。你对无线电物理学产生了兴趣，这很好，但要记住，这仅仅是兴趣。要把兴趣变成自己的志向，必须付出几倍的劳动。乘数比被乘数大许多倍，才会得出一个可观的积数。我想对你提出几点劝告：科学日新月异，飞速发展。如果你想成为精通本行业务的优秀专家，你就必须密切注意无线电物理学领域的新成果。在课堂里讲授的知识，只是你所需要掌握知识中的很小一部分。你要给自己立下几条规则：每天，毫不含糊地说，不管是放假还是休息，至少阅读五页关于无线电物理学或相近科学——电子学、仿生学、天体物理学、宇宙生物学等的学术期刊。我再重复一遍：一定要每天坚持。譬如，你参加五一节游行回来，也不要忘记自己的"五页"。任何人也不能代替你完成这件事。要记住，人们在跨学科的领域常常会有新的发现，那里有许多未被探索的事物，必须给以特殊的重视。

我用钻研这个词不是偶然的。大学生应当深刻理解、掌握事实和结论，只有经过钻研并理解了的东西，才能记入笔记本。不要照抄科学论文或教科书，只需记下已消化了的东西。你对已确定为自己志向的课程理解得越深，它就会在更大程度上成为你的志向。

我还有一点劝告。任何专业都有理论部分和实践部分。无线电物理学的实验作业，大概尤能引人入胜。我希望你利用各种机会多去实验室和工厂劳动，多装配收音机和无线电控制的活动模型。任何时候都不要满足于一般成绩，要更上一层楼，精益求精，这是培养志向的必经之路。第一次失败了，就从头再来。决不要轻视最简单的粗活。要勤练两只手，使之成为能胜任各种劳动的最重要的工具。我写了一篇关于手、手工劳动的文章，现寄给你，希望能引起你的共鸣。

替我到书店看一看有没有论述劳动和创作心理的新书，如果有，就买几本寄来。

祝你健康，精力旺盛！

拥抱你，吻你。

你的父亲

第 6 封 信

亲爱的儿子：

你好！

你在最近一封来信中同我展开了争论，我感到非常高兴。这太好了，妙极了！看来，"志向"是一个最令人激动的题目。你抱怨我高估了教育和自我教育的作用，低估了天赋。诚然，贝多芬在 5 岁时写出了他的第一批音乐作品，这首先说明贝多芬在童年时期所处的环境极其优越。他如果处在一个没有任何乐器，没有人懂得音乐的地方，恐怕不会形成音乐家的才能。我认为，现在有成千上万人的天赋得不到发展。如果他们生活在有利于发展才能的环境里，很可能成为卓越的学者、诗人、作曲家。共产主义理想的高度人道主义恰恰表现在：在共产主义条件下，任何一种天赋都有充分发展的机会，都将开花结果，成为才干。共产主义理想要使每个人都成为有才能的劳动者，有才能的创造者，有才能的钳工，有才能的电焊工，有才能的农艺师，有才能的畜牧家。这是我们教育工作的理想，我对它坚信不疑。我认识许多人，他们之所以成为有才能的劳动者，是因为教育揭开了天赋给予他们的能力。在共产主义条件下，天赋和社会所给予的一切在人的身上将达到惊人的和谐一致。我热爱教育工作，因为它的主要任务是认识人。我在工作中首先去认识人，观察他们内心世界的各个方面。如果教育者善于对待和善于琢磨，就能使人成才。教育的艺术就在于能够看到取之不尽的人类精神世界的各个方面。譬如说，我有过一个学生，他学数学很吃力，学语法也感到困难，可以说他既缺乏数学思维能力也缺少艺术思维能力。那他有什么能力呢？如同任何人一样，他有着取之不尽的精神力量，有未被我发现的天赋和才能。教师要善于发现它和琢磨它，使孩子获得幸福和前途。他可能会成为有才能的机械化专家，有才干的农民，有才干的细木工。我深信这样的时刻一定会到来，即在我们的社会里将不存在一个没有才能、没有知识、对生活感到失望的人。每个人身上耀眼夺目的一面都将被发掘出来。暂时这还是一种幻想，但迟早会变成现实。我深信教育有强大的威力。

我认识一些人，他们热爱那些乍看起来极其平常、微不足道的工作。他们成了本行的诗人、艺术家，他们的技艺达到了炉火纯青的地步。这是因为天赋和教育所给予的一切在他们的生活中达到了难得的和谐一致。两次荣获全国闻名的"社会主义劳动英雄"称号的电焊工阿列克塞·乌列索夫是我的朋友。一次，他对我说：

"我很小的时候就想去工地干活。我看到工人焊接，火花四溅，简直着了迷。我请求他们教我，于是我学会了电焊。我在北方参加过城市和水电站建设。你是大地的创造者，这种幸福是值得你去享受一下的。看着一栋栋新房盖好、一批批居民迁进去，看着你参加建设的水电站，你的第一个机组送电了……。这一切对我来说，是生活中最大的幸福。"

我还有一个朋友，他是我国著名的畜牧家斯塔尼斯拉夫·伊万诺维奇·施泰曼。你听一听他怎样谈论自己的工作。

"我从来没有飞行过，也没有爬过山，航过海。我一生的大部分时间是在畜物场和牛舍度过的。可是每当我回忆起过去的岁月，却觉得自己好似一个旅行者，不止一次地穿越无人走过的小路，不知道在转弯处会发生什么事情；我也不止一次地感到自己好似一个攀登高峰的登山运动员……"

孩子，你好好想一想这段话。他原来是一个雇农牧人，过去的生活条件使他没有在学校里读过一天书，可是他通过顽强的劳动，成了卓越的学者、博士，成功地培育出科斯特罗姆良种奶牛。他一生从未离开过"卡拉瓦耶沃"国营农场。

这些事例又一次证明，人是自己志向的创造者。只有依靠劳动才能走上通往智慧、创作和科学的道路。

确定志向，这就意味着要有所作为，有所创造，不要只是背诵现成的公式、定理，不要总是费尽心思去考虑自己是否喜欢这一份工作。最为重要的是，一个人要喜欢他为之倾注自己精力的工作。我再劝你一次，任何时候也不要轻视最平常、最"粗"、最"脏"的劳动，因为创作活动恰恰从这里起步。

再见，亲爱的儿子！

祝你身体健康，精力旺盛。

你的父亲

第7封信

亲爱的儿子：

　　你好！

　　你怀疑那个农庄主席的话是否正确，他对在会上批评过他的大学生说："说的是实话，但实话本身并不能取得胜利。大炮要渡河，必须用肩膀去扛。"你对此感到愤慨。你认为，本来大学生说得对。农庄每年丢掉2000—5000公顷良田，任其遭受侵蚀；20年前生长过小麦的地方，如今被冲成了沟。你曾问，这是不是事实，如果是事实，为什么农庄主席指责大学生是蛊惑家。

　　孩子，我们的生活是复杂的。给你讲一件往事。我记得童年时，咱们村里有一个人叫扎哈尔卡。他有过姓，但已无人记得。村里人都叫他普拉维德尼克①。为什么这样称呼他，这正是我准备讲的主题。他从不伤害别人，办事公道，为人正直，像农民那样虔诚；但他终日游手好闲。村里组织起集体农庄，人们都去干活了——有的在大田，有的在猪舍，有的在马厩。只有扎哈尔卡东游西逛，无所事事。因为他经常发表些公正的议论，所以人们送他这个绰号。每到傍晚，庄员们都集聚在农庄

---

① 俄语"праведник"，正人君子之意。——译者

办公室前面闲聊，有的谈起一天发生的事，有的回忆往事，有的谈论未来。扎哈尔卡也来到这里，他说东道西，谈的全是事实，例如，"该播种了。天老不下雨，土硬得像石块，下了种，恐怕连种子也难收回来。"

他东拉西扯，喋喋不休。

有一次他说："今年霜冻来得太早了，一夜里西红柿都给冻坏了。"

后来发生了这样一件事。在一场暴雨过后，扎哈尔卡跑进农庄大院，他的一对浅蓝色眼睛望着天空，用一种与己无关的腔调对集聚在周围的庄员们说：

"橡皮沟那儿下了冰雹，100 亩麦子被打光了。"

庄员们知道扎哈尔卡说的全是实话，但还是揍了他一顿。大家无法控制住愤怒，只好想出个巧办法来：他们从扎哈尔卡身上扒掉脏污不堪的短裤，用柳树条夹着荨麻，狠狠地抽了他一顿。扎哈尔卡说的实话为什么激怒了庄员们呢？因为在他那冰冷的、漠不关心的话语里有着一种思想：瞧，这就是事实，我全讲给你们了，它与我无关，毫不相干……

人民不喜欢这种"讲实话"的人。依我看，农庄主席非常讨厌关于侵蚀危害的空谈。根据我们的经验，我知道，农庄主席很难和土地侵蚀现象进行有效的斗争。

真理是一个包罗万象的、复杂的、有时容易使人弄错的概念。没有抽象真理、泛泛的真理，只有造福于人的真理是唯一的真理。如果有人想做一个为真理而鼓吹真理的人，说得形象些，他不想使真理成为造福于人民的工具，那么他将落到与"正人君子"扎哈尔卡同样的下场。

真理存在于我们平日所见和所做的一切事物之中。如果想去探寻真理，就要去探寻事物的根源。为使人类生活得更美好而去发现真理，这是一种艰巨的劳动。在这里我想引用一篇我们四年级学生所写的很有趣的故事。我想，如果你能思考一下，它将帮助你理解真理的实质，而最重要的是，它将教会你怎样观察和看到真理对谁有利，以及怎样把真理变成造福于人民，造福于劳动者的工具。故事是这样的：

蜜饼和麦穗

大清早，太阳还未升起，一个人往衣袋里装了几块蜜饼就下地了。他在田里走来走去，察看小麦的长势。他摘下一颗麦穗，剥下麦粒，放进嘴里咀嚼起来，面浮笑容。他把麦穗放进衣袋，于是麦穗和蜜饼在衣袋里相会了。

"你是谁？"蜜饼问道。

"我是麦穗。"

"哟，全身带刺。你为什么要生存？你有什么用处？"

麦穗微微一笑，把胡子——麦芒一撅，回答说：

"没有我就不会有面包和面包干，也不会有你这个蜜饼。"

蜜饼惊讶万分。它用尊敬的目光看了麦穗一眼，急忙给麦穗让了让位置。

"这就是说，一切都取决于你。可是，是谁创造你的呢？"蜜饼问道。

"劳动。"麦穗回答，"劳动创造一切。可是，劳动掌握在人的手里。劳动和人——这是最重要的东西。"

这个故事令人深思。作者是四年级学生。为把学生提高到这种创作高度，教师需要长年累月地把自己的情感、思想、信念——自己的心灵灌注到儿童的心灵里。

劳动和人，人和劳动，这是所有真理的父亲母亲。在对年轻一代的教育中，两个特别重要的问题是真理是怎样进入人的精神世界的，我们培育的人又是怎样进入真理世界的。如果一朵花结出扎哈尔卡那样的果实，对教师来说是一种不幸（如果在教师当中有扎哈尔卡那样的人，那么对学校来说就是一种灾难）。我们常常谈到信念这一神圣的事物。在教育科学的著作中，它是被议论得最热烈的篇章。关于它，至今不知已写过多少文章，发表过多少见解，但是在今天仍然常常见到这样的人：他们的胸膛是花岗石的（指有知识），下肢是胶泥的（指信念）。原因何在呢？因为青少年只记住了真理，但没有为真理的胜利而去进行斗争。他们没有从事使真理体现于创作、劳动和行动中的任何活动。在小学、中学和大学阶段，人们大概上千次地听到过诸如此类的话：要为人民谋利益；劳动光荣，不劳动可耻；等等。可是人们在生活中还能看到些什么现象呢？我们共和国一所综合大学里的 10 名毕业生，他们不愿去农村做教师，留在城里，有的做了发货员，有的摆摊卖水，有的经营菜店。

为什么诸如为人民劳动光荣这样崇高的真理，没有在他们的心灵中占据一席之地呢？多年来，一种思想使我经常激动：当每个学生通过劳动、通过个人的努力掌握了我们信念中的最崇高的真理时，我们的教育才是名副其实的共产主义教育。劳动是最伟大的美，同时也是最艰巨的事业。认识这个真理，是教育的奥秘之一。

祝你身体健康，精力旺盛！

拥抱你，吻你。

你的父亲

第 8 封信

亲爱的儿子：

　　你好！

　　最困难的事情应成为最喜爱的事情，这就是人形成坚定信念的辩证法和逻辑。人终生珍视的东西恰恰是他付出昂贵代价所获得的东西。年轻人对劳动的热爱并非囊中之物，能轻而易举地取得，只有通过劳动才能获得这个珍宝。遗憾的是，现在竟有人相信，只有给青年人以更多的物质福利，才能使他们看到我们生活的欢乐，领悟生活在社会主义社会的幸福。

　　我希望你思考令我不平静的一个问题：青年人生活得幸福和欢乐是否太容易了。我们教育青年要有各种各样的需要，但遗憾的是，我们还没有很好地教育他们养成一种最重要的需要——对共产主义劳动的需要。我认为，共产主义的劳动需要，是人发自内心深处的对劳动的向往，是人的精神境界达到一定高度的表现。他们认为，如果不为社会，不为人民劳动便失去了生活意义。只有当人发现了劳动的乐趣时，劳动才能成为需要。这种乐趣不能同其他乐趣相比较，不能同旅行、运动、休息、欣赏艺术珍品的乐趣相比较。劳动的乐趣不是轻易可以获得的，正如婴儿出生时母亲必须经过阵痛一样，通往劳动乐趣的道路不是平坦的，要想攀登到它的顶峰必须有登山运动员一般的坚强意志。攀登悬崖峭壁并没有什么乐趣可言，但为表现自己的力量，树立自己的荣誉和尊严，却是必要的。

教育工作者的使命，是使人感受到为别人劳动的无比乐趣；踏上自我教育道路的人的使命，是通过劳动获得这种乐趣。我对学生的精神世界了解得越深就越加坚信，如同阿芙洛狄忒①来自海浪一样，真正的人来自艰苦的地方，来自用汗水浇灌过的土地，来自曾战胜了难以克服的困难并对胜利有着崇高自豪感的地方。这种感情把一个人的精神世界——个人利益和志趣爱好，同公共利益和需要联结在一起。当青少年回顾自己自觉生活的头10年时，他们将亲眼看到自

▲ 思考问题时的苏霍姆林斯基

己当初种植的树苗如今已根深叶茂，培养的葡萄树已挂满硕果，用汗水改造过的荒地已变成麦浪起伏的良田。我相信，这样的青少年决不会把穿旧的鞋随意抛在树林里，不会把书撕碎，不会看到一块埋在泥土里的

---

① 阿芙洛狄忒：古希腊神话中爱与美的女神，传说由海浪泡沫形成。——译者

锈铁或散在地上的化肥而无动于衷。在他们看来，公共财产比个人物品更为珍贵，因为它不仅是个人的，它能给人民以欢乐。孩子，你要永远铭记在心：通过艰苦劳动获得的欢乐，是培养良心的强大力量。说得形象些，良心是信念的哨兵。我们竭尽全力教育人从童年时期起就要在自己心灵上树立起这个哨兵。如果你已经认识到劳动的乐趣，并且把在自己今后生活道路上寻求这种乐趣视为获得个人幸福的最重要的条件，那么，这个哨兵就会警惕不懈地守卫你的心灵。

你既要教育自己，也要准备将来教育好自己的子女。你要教育他们牢固地树立一个信念：面包来之不易。人们为获得粮食不知经历了多少个不眠的日日夜夜，双手不知磨出多少硬茧，不知流了多少汗水，克服了多少困难。你要想一想自己的童年时代，回忆一下你们这批年轻人奔赴寸草不生的荒原的情景，你们怎样把荒原改造成良田，种出了小麦；你们怎样挖掉了淤泥腐草，掘松了土地。这些都不是轻而易举的事。如果有人天真地认为到了共产主义社会，机械将完全取代人的劳动，那么，他必然会感到这种劳动过于繁重、单调乏味、令人厌倦。登山运动员冲向高峰的时候，对自己单调的攀登动作也会感到厌倦，但他们知道，每攀登一步都更接近顶峰。麦穗就是你们攀登的"顶峰"。你们用自己的双手种出的第一捧粮食，用这些粮食烤出的第一个面包，最初的公民自豪感，这就是真正的共产主义教育。要从童年时期起培养这种感情。要记住，你将做父亲，将要在孩子身上重现你的一生，为祖国培养新一代。倘若错过童年的黄金时代，就再也无法补救。要记住，童年时期流的每一滴汗水，顶得上成年时期许多天紧张的劳动。童年时期种出的每一捧粮食，其意义好似堆积如山的金色小麦，好似肥田沃野，好似一代人的多年劳动。

没有战胜过困难，没有负过重荷的人，不能成为真正的人。在通往实现目标的道路上，青春应当战胜各种困难。只有在这种情况下，我们建设共产主义的理想才能被每个人所认识和领悟，并成为每个人自己的目标。我们正带领你们进入共产主义社会美好的宫殿。这座宫殿不是人们无忧无虑寻欢作乐的场所，而好似一个蜂房，人们送进去的东西比取出来的要多；不是收藏稀世珍品的博物馆，而是一栋建筑物，每个人都要为它添砖加瓦。你即将独立生活，要学会使用我们今天的"蜂房"，酿出比昨天更多的蜜。当你在沿着石头小路向上攀登越感到艰难时，你就会越发珍视劳动的乐趣，越加深刻地认识到生活的幸福。祝愿你在遇到艰难险阻时，不要惊慌失措，祝你成为一个真正的人。

祝你身体健康！

拥抱你，吻你。

你的父亲

第9封信

亲爱的儿子：

你好！

你说得对：精神空虚始于青年早期，因为在那个时期，熟记、背诵多于思考。你写道："甚至没有时间去思考科学真理的实质，总是背诵……"

这种情况确实令人遗憾。可是，为什么小学生、中学生和大学生不在教师传授知识时去认真思考概念的实质呢？为什么强大的精神力量——我们时代的真理、伟大的科学真理，常常不能被人们心领神会呢？许多人不关心伟大的真理和我们的美好理想，不珍视美的价值和人类的美，他们或去啤酒馆，或去参加可疑的晚会。对这种现象，为什么不感到惊讶和忧虑呢？为什么呢？

变知识为人所有，使教学充满高尚美好的情感，据我看来，这是普通学校和大学教育头等重要的任务。人们时常能听到，今天是数学的时代、电子学的时代、宇宙的时代。这些话都不错，但这些并没有反映出我们这个时代发生的各种事物的全部实质。世界正在进入人的时代，这才是最主要的。近年来，有些人莫明其妙地鼓吹一种令人不能容忍的、接近愚蠢的偏见：没有数学才能的人，是智力发育不全的人，生来不幸，命运不佳。

你想成为一名优秀的工程师，这很重要，但更为重要的是首先应当成为一个真正的人。现在，我们要比过去任何时候都更多地考虑用什么去灌注人的心灵。有一个问题使我非常忧虑：很多大学生从中学毕业后就不再学习人文科学了，而在中学里这类课程的教学效果又大都很差。我想说的是对青年人进行广泛的人文科学教育问题——培养情操美感，培养细微的和美好的感情，培养热情的、对人体贴入微的心肠。为什么你们周围的同志，彼此那样冷漠无情？为什么他们对自己朝夕相处的伙伴那样漠不关心？为什么人从来没有成为每个青年最重要的认识对象？为什么认识人，对你们这些我的年轻朋友们来说，不是最有趣的事？这一切都说明情操美感教育太落后了。

防止内心空虚，防止精神兴趣贫乏，这不是别人的事，而是你们每个青年自己的事。我对你说过，无论看书、听课或阅读学术性刊物，都需要理解、思考，要在自己头脑中筑起知识的桥。当你认识世界时，如果能把科学真理同你本人、同你的命运、同你的人格联系起来，共产主义思想对你而言才是至高无上的、神圣的。你们正在学习辩证唯物主义中关于世界可知性的问题，这似乎是一个与实际生活距离很远的纯理论问题，其实不然，它是与我们在物质方面的顺遂和精神生活的充实都息息相关的实质性问题。认识周围世界，其目的在于造福人类。当你在课堂上听了关于世界可知性的课后，要想一想自己的实际工作，想一想你用自己的知识、自己的劳动给我国人民的物质和精神财富做出了什么贡献？你要想一想，探索大自然的奥秘、认识世界、阐释尚未被认识的事物将给你带来什么乐趣？你要制定一个长期自修的计划，因为你从大学毕业后，再过10—15年，大半的科学知识将是你未曾学过的新东西。

人道主义教育也是自我教育的内容。把自己培养成真正的人，这是

头等重要的事。五年寒窗固然能培养出工程师，但学会做人，则需要一辈子。要培养自己具有真正的人的心灵。美是自我教育的重要手段，我所说的美是广义的美，它包括艺术、音乐、对人的诚挚态度等。关于这个问题，我们还需要多谈几次。

我正忙于完成关于学校教学和教导工作的手稿，即将交付出版。

拥抱你，吻你。

祝你身体健康，精力旺盛！

你的父亲

第10封信

亲爱的儿子：

你好！

谢谢你寄信来，我感到很高兴，信虽然写得有些乱，但十分热忱亲切。信大概不会写成另一种样子，而且也不可能，因为你竭力想说出使你激动不安的一些问题。

你认为在自我教育中最重要的问题是培养律己精神，能迫使自己工作，能提出目的并实现目的……。当然，培养意志是自我教育的主要方面，但据我看来，意志是自我教育的结果，而它的实质要深刻得多。

自我教育从自我认识开始。在青年人生活中，最复杂和最困难的事情就是从侧面观察自己，用理想主义、英雄主义的观点观察自己。我劝你多读一些描写达到人类最美境界的人的书。在我们这个时代，也有像丹柯那样舍身忘己的人。你只要读一读关于米哈伊尔·帕尼卡霍的书，你就能从一个公民的角度看清周围的世界和自己。他当时只有 20 岁，共青团员，德聂伯罗彼特罗夫斯克人。在保卫斯大林格勒的战斗中，他炸毁了法西斯的坦克，自己也献出了生命。当他准备把燃烧瓶掷向驶近的法西斯的坦克时，突然一枚子弹打碎了瓶子，他的衣服烧着了，于是他好像一把熊熊燃烧的火炬一样扑向坦克，用自己的身体烧毁了坦克。

就连法西斯士兵也为这种舍身忘己的行为所震惊，而停止了射击。人们把米哈伊尔·帕尼卡霍称作伏尔加河要塞上的丹柯。世界上还有什么行为能同这种舍身忘己的行为相媲美呢？在他面前，斯巴达的武士和塞尔莫皮莱山口 ① 的英雄们都要黯然失色。如果你能看到这把为保卫祖国而牺牲自己的活火炬，它将照亮你的整个内心世界，帮助你发现内心最隐秘的一角。在那一瞬间，你将希望成为一个精神上美丽的人，希望为祖国做些事情，希望投身到伟大壮丽的事业中去。

去努力创造这一时刻吧，这是非常重要的。要珍惜这一瞬间伟大的精神力量。根据崇高的和英雄主义的观点，你最终将给自己提出这样的问题：我是个什么样的人？我为什么活在世上？我有没有英勇献身的精神？

我劝你读一读描述西伯利亚联合收割机手普罗科皮·涅克托夫的书。战前他是集体农庄的联合收割机手。他在战争中失去了双腿。从军医院回到家里时，他十分忧郁，感到自己成了全家的累赘。可是，鲍·波列沃依的《真正的人》使他知道了该怎样生活。他装上了假腿，用极大的毅力学会了走路，后来又学会了用假腿驾驶联合收割机。苏联政府授予他"社会主义劳动英雄"的崇高称号，以嘉奖他的出色劳动。

伊万·鲁基契·莫尔达夫斯基在敖德萨农业实验站工作。战争期间，他负了重伤，医生截断了他的双手，他的左腿也受了重伤再也不能弯曲了。可是，这样一个人竟读完了农学院，做了农艺师。

这样的人，我认识 18 个。在哈尔科夫州彼得罗巴甫洛夫斯克（离我们家乡很近）有一个格利高里·尼基佛罗维奇·兹米延科，他是拖拉

---

① 指公元前 480 年希波战争中的塞尔莫皮莱山口战役，300 名斯巴达人在斯巴达王李奥尼德率领下抵御波斯，坚守山口，终因寡不敌众，全部战殁。——译者

机手。在战后数年，他的拖拉机触雷被炸毁，他也失去了双腿。他和普罗科皮·涅克托夫一样，依靠自己的毅力又重新归队了。如果要介绍所有这些优秀人物的生活，简直可以编出一部关于勇敢行为的文选，编出一部青年人的生活教科书。这将是对青年人进行自我教育最有力、最能奏效的书。可是暂且还没有编出这样的书来。你去读一读描述真正的人的书吧！

你也许还记得，夏天我曾答应给你讲一讲苏联战士阿列克塞·别丘克的英勇事迹。他在执行战斗任务时不幸落到法西斯强盗手中。他被带去见军官。面对各种审问，他一概回答"不知道"。于是，法西斯强盗割掉了阿列克塞·别丘克的左耳。别丘克只是痛得哆嗦了一下，仍然一言不发，刽子手们又割掉了他的右耳。不管是保全性命的诺言，还是枪杀的威胁，都未能使这位英勇的苏联战士屈服。法西斯强盗采用了残忍的方法：他们撬开他的嘴，把他的舌头拉了出来，钉在桌子上，一个刽子手用刀尖在舌面上划来划去，突然竟灭绝人性地把别丘克的舌头割了下来。在夜深人静时，法西斯强盗把别丘克带到河边，命令他跑，然后朝他背后开枪。阿列克塞跌倒在水里，可是他得救了。他忍住剧烈的疼痛，游到我方前沿阵地，被战士发现并送进了军医院（1964 年 7 月 20 日《消息报》曾报道过别丘克的事迹）。

我在军医院见到过阿列克塞·别丘克，我的床位离他很近。他对你说来又是一个精神高度完美的形象。许多苏联战士都建立了这类功勋，遗憾的是，关于他们的事迹还没有被写成书。我相信，将来会有人写的。这类书是自我思想教育不可取代的教材。孩子，你好好想一想阿列克塞·别丘克的英勇事迹吧！用他的英勇事迹照一照自己的心灵吧！每一个苏联青年都应当准备去建立这种功勋。你将成为保卫祖国的战士，要知道，在我们生活中最宝贵的，就是亲爱的人民、可爱的国家。缺少我们当中任何一个人，祖国照样屹立不动；但我们当中任何一个人如果离开祖国，将一事无成。自我教育的首要任务是把自己培养成为一个勇敢无畏的爱国者。

现在我们该把话题转到你的信上了。你谈到年轻人所犯的可怕罪行。他们的精神之所以空虚，思想之所以落后，目光之所以短浅，首先是因为他们没有热爱祖国这种最重要的人的品质。热爱祖国，这是一种最纯洁、最敏锐、最高尚、最强烈、最温柔、最无情、最温存、最严酷的感情。一个真正热爱祖国的人，在各方面都是一个真正的人……

要不断磨炼自己、培养人性，首先要特别敏感，能够识别谎言和邪恶，识别欺骗和侮辱人的尊严的行为。在这方面，不仅需要识别，更重要的是，嗅觉要灵敏。譬如，在你面前发生了一起侮辱人的事件，如果你对它视而不见，认为是小事一桩，那么要不了多久你对周围发生的一切都将熟视无睹，置若罔闻。因此你需要磨炼自己，培养自己敏感和细致入微的感情。

美能磨炼人性。如果一个人从童年时期就受到美的教育，特别是读过一些好书，如果他善于感受并高度赞赏一切美好事物，那么，很难想象，他会变成一个冷酷无情、卑鄙庸俗、贪淫好色之徒。美，首先是艺术珍品，能培养人的细致入微的性格。性格越细致，人对世界的感悟越深刻，对世界的贡献也越多……

一个问题使我感到不安。你是否每天都能接触到美？我在你的宿舍里几乎没有见到什么文艺作品。在你的书架上只放着两本书：奥尔加·别尔果里茨的《白昼星辰》和秋秋尼科的《漩涡》。这是两本好书，你阅读它，没有虚度时光，我感到很高兴。书籍浩如烟海，在书籍的海洋里，一本本好书宛如彼此疏远的小岛，你要善于到每个岛上去游历。在书籍的海洋里，不易迷失方向，也不会遇到浅滩。对黄色读物，你要畏之如火。有一些书，人在一生中需要读许多次，而每阅读一次，他眼前都将展现出人的内心世界的美。我不止一次地读过列夫·托尔斯泰的《复活》、陀思妥耶夫斯基的《白痴》《罪与罚》、但丁的《神曲》、莎士比亚的《哈姆雷特》。第一次读这些作品的时候，我 16 岁。第二次读的时候，我 20 岁。当我 30 岁第三次读这些作品的时候，感受就完全不同了。你将根据自己的体验确信这一点。你喜爱阅读的书的范围将逐年缩小，但它们确实是令你爱不释手的好书。我劝你从现在起，把在学校里读过的书再读一遍。这也和再度欣赏优美的乐曲一样，是为了磨炼情感。《天鹅湖》乐曲，我们听过几十次，对这首美妙动人的乐曲，从未厌烦过。重读一些不朽的文艺作品，这首先意味着人的自我认识的发展。把契诃夫的《草原》，把他的令人惊叹的小说读上五次、六次、七次，你必然会希望自己的精神面貌变得更美些。我还喜爱科罗连柯、库

▲ 师生一起津津有味地读书

普林、普利施文、帕乌斯托夫斯基的作品。如果我不读这些语言大师的作品，恐怕连一个月也不能生活。你还应当读些当代俄罗斯和乌克兰作家的作品。我劝你读一读西蒙诺夫、索洛乌兴、特瓦尔多夫斯基、别尔果里茨、施巴乔夫、谢尔文斯基、加里宁、尼林、田得里亚科夫、马尔丁诺夫、斯切尔马赫、冈察尔等人的作品。雅诺夫斯基的《骑士》、捷盖尔斯的《第七个十字架》、圣埃克苏佩里的《人们的土地》、海明威的《老人与海》等书要多读几遍。

要记住，书是人类数千年来智慧的结晶。伏尔泰说过，首次读一本好书，如同结交了一个新朋友。那么，重读一本好书，无疑等于重访老朋友。希望你结识更多的良朋益友。读书不是一个机械的过程，而是一种创造。要从书中受到教益，要学会思考和判断是非。

这封信写得太长了，请原谅。自我教育的问题，确是一言难尽啊！

祝你身体健康、精神愉快！

拥抱你，吻你。

你的父亲

第 11 封信

亲爱的儿子：

你好！

我十分高兴，那封关于自我教育的信会引起你这样大的兴趣。你很细致地看出了这一代青年人（当然不只是青年人）的一个特点——非常容易激动，有时甚至达到神经过敏的程度。我确信，人们之间的许多冲突以及经常发生的争吵，其原因往往是他们不善于控制自己的情感，更有甚者，有些人根本不注意情感的自我培养。

然而，培养自己的情感境界——这在我们这个时代，特别是对青年来说，是一个十分重要的问题。几千年来，人的生活基本上是由肌肉力量以及诸如固执和残忍等神经系统的粗野本性所决定的。

每个年轻人最主要的是要记住，不要用粗野的情感，如喊叫、暴躁、凶狠来填补思想上的空虚。在人的心理深处，在潜意识里隐藏着一种本能——动物的恐惧心理、凶恶和残忍。一个人越是缺少文化修养，缺乏智力和美感，那么，这种本能就会表现得越频繁，越令人感到粗暴无礼。当一个人无法更好地证明自己的正确时，他或者直截了当地说，没有什么需要进一步证明的了（一般说来，情感丰富、有精神文明的人就是这样），或者喊叫起来，用"本能的反抗"来填补思想上的贫乏。

要珍惜不管是自己的还是别人的神经系统和情感。要记住，对人来说，如同需要空气一样需要细腻的情感，而思想的细腻、智力的丰富，是情感的源泉。情感可以使思想高尚，但是真正的人的情感不能离开思想而存在。情感来自思想，思想滋润情感，情感寓于思想之中。丰富的思想能使人成为精神世界中的独立力量，它能激励人们去实现高尚的行为。

　　如何培养细腻的情感呢？首先，任何时候都不能忘记，你是生活在人们之中的。任何时候都不能忘记，同你一起劳动的人都有自己的忧虑、牵挂、思想和感受。要学会尊重每个同你一起生活和劳动的人。细腻的情感，只有在集体中，只有在同你周围的人们不断的精神交流中才能培养起来。

　　没有比在充满智力和美感的亲密友谊中能更好地"磨砺"和锤炼情感了。要在友谊中培养自己的情感。友谊能帮助你培养对周围每个人所特有的本性的细腻情感。

　　但是，能使人的精神丰富、帮助人战胜本能和发展人所特有的本性的真正友谊需要什么呢？需要你个人精神的丰富。只有当你给你的朋友以某种帮助时，你的精神才能变得丰富起来。不能奢望，在进入一个新集体之后才仅仅几个月就能结识新的朋友。但是真正的友谊终究会建立起来的。你将同他们交流自己的思想、情感、快乐和悲伤。

　　假如我现在有可能到你那里去，我就去了，我会把你同屋的同学召集在一起，也邀请一些其他同学，跟他们讲讲："年轻的朋友们，要珍惜你们的情感和培养你们的情感。要记住，在我们这个时代的人，对来自周围世界的影响，一天比一天变得更加敏感。在'人与人是朋友、同志和兄弟'这一思想里，包含有深刻的含义。然而其深度远远未被理解。做一个朋友——这首先意味着教育人，确定他所特有的本性。"

教育的实质正在于克服自己身上的动物本能和发展人所特有的全部本性。人性的顶峰，是共产主义教养。

兽性就是对一切有生命的和美好的事物缺乏怜悯，对别人的精神世界根本漠不关心，这是所有杀人犯、暴行者的心理基础。要培养对一切有生命的和美好的事物的怜悯心。你将来也会有孩子，要记住，他们长大后的道德和对人的态度往往取决于他们小时候对飞鸟、花草、树木的态度。

寄给你一本书——圣埃克苏佩里的选集。我希望你认真地读一读《小王子》这篇童话并思考一下它的内容。

祝你身体健康，精力旺盛！

拥抱你，吻你。

你的父亲

第 12 封信

亲爱的儿子:

你好!

你的来信使我十分高兴(你很久没来信了,几乎有两个星期了)。你们的集体产生了对智力的兴趣,你们开始辩论,而且辩论的是"自由和义务"这样的题目。你们邀请我参加你们的辩论,那好吧,我高兴地接受你们的邀请。你在信中说,你的同学中有些人持有这样的看法:在某些活动范围内(在"个人生活问题"上),人可以不受拘束地发表自己的意见,在另一些活动范围内,这些自由就要受到社会舆论的限制。你不同意这个观点,我对你表示支持。你的观点("自由就是学会永远正确地按照人民利益的要求去行动")实际上重复了马克思的名言:"因此,意志自由只是借助于对事物的认识来做出决定的能力。"青年人力求用自己的语言表达最复杂的思想,这是很好的。绝对的自由是没有的,也是不可能有的,要知道,人生活在人们中间。列宁教导说,在社会中生活而又不受社会的约束是不行的。在你的反对者中有些人用间壁把生活隔开:在一半的生活中,他的一举一动,要顾及社会的舆论;在另一半的生活中,他随心所欲,为所欲为。这种划分实际上是以小市民的哲学为基础的:在工作岗位上衣冠楚楚、道貌岸然,可是在家里,却是一个吝啬鬼、寄生虫、暴君、对亲人的虐待狂。我们的社会这种人究竟还有多少！在性、道德、情操方面——在爱情、婚姻、家庭生活上的绝对自由的思想是十分有害的。在人的生活的这些方面，自由首先意味着最重大的责任感。关于这个问题，列昂伊德·马丁诺夫说得好：

> 我认清了，
> 自由意味着什么。
> 我了解了这种艰难的情感，
> 是世界上一种纯粹个人的情感。
> 然而你知道自由意味着什么吗？
> 要知道这意味着要对一切负责！
> 我要对这个世界上的一切负责——
> 对叹息、对眼泪、对悲伤和牺牲
> 对信仰、迷信和无神论

顺便说一下，如果你没有读过这位优秀诗人的诗，我给你寄去一本他的选集。

苏联人享有真正的自由。但是，我们共产党人任何时候都不隐瞒，我们所理解的自由只是一种有益于人民的活动。对战争、暴力、腐化的宣传鼓吹，在我们这里要受到法律的惩罚，在这一问题上，没有也不可能有任何个人的自由。如果每个人都可以为所欲为，那么社会就会变成一个疯人院，人们出门就会担惊受怕。苏联人自由的基础，是社会利益和个人利益的和谐。

社会所关心的是希望你们这些大学生能够学习好，将来成为优秀的专家，这符合劳动人民的利益。就是说，你有千方百计搞好学习的自

由，但无权躲避学习、虚度光阴。

最重要的是人本身的意志和自我克制。人应当敏锐地分辨三件东西：可以、不行、应该。凡能分辨这三件东西的人，都具有一个公民的最重要的特点：义务感。义务——这是行动的自由，是受崇高思想鼓舞的人的行为——我正是为此而行动的。我们的社会是世界上最公正的社会。所以说，尽义务并不束缚人的手脚，不束缚人的意志自由。义务和良心——这些道德情操是人与动物最重要的区别。亲爱的孩子，要培养人的品德。要记住歌德的教导："如何认识自己？不能通过冥想，只有通过活动。你只有试着完成自己的义务，才能真正了解你自己。"

祝你身体健康，精力旺盛！

拥抱你，吻你。

你的父亲

第 13 封信

亲爱的儿子：

你好！

我现在从柏林给你写信。临行前我说过，我将在柏林待 15 天左右。可是到了柏林之后，我就会设法快些把事情办完，以便争取时间提前回国，这样，我将在德国只待 10 天左右。

我不是第一次出国：我曾到过许多国家，而且每当命运把我送到远离祖国的地方，都有一种新的力量激起我热爱祖国的情感。在国外，我特别深切地感觉到自己对祖国所担负的一切责任。每当有人谈到苏联学校和我国经济的情况时，我的心就激动万分，就好像他们是在谈论我个人。当听到"一切都好"的评价时，我是

▲ 苏霍姆林斯基对教育的力量坚信不疑

多么的高兴呀！①

祖国是慈祥而又严格的母亲。如果儿子成了不好的人——懒惰、冷酷无情、意志薄弱、假仁假义、不诚实的人，母亲该会感到何等伤心呀！如果你不能成为真正的人，祖国就会像你的亲生母亲那样感到难过。你的生活和劳动要使祖国为你感到骄傲，要善于从祖国人民最高利益的高度审视你自己。

要为自己的前辈感到自豪，他们是争取祖国自由和独立、使劳动人民免遭剥削、争取社会主义革命的胜利、使世界摆脱法西斯主义的战士。祖国的伟大儿子们的名字是你的至宝，你的骄傲。要记住，我们的祖国，是世界上第一个社会主义国家，它开辟了人类走向共产主义的道路，这是你的民族骄傲。要记住，我们的祖国把伟大的列宁献给了世界。

我路过波兰、德国时，看到许多埋葬苏联战士的墓地，我们祖国的几百万儿女为使世界免遭法西斯的奴役而牺牲了。

我到过布痕瓦尔德集中营，现在这里是法西斯主义受害者的纪念馆，而在战争期间，这里曾是最可怕的杀人集中营之一。当你看到法西斯在这里如何以德国人的"准确性和条理性"消灭了几十万人（都说几十万，可是也可能有几百万——谁也说不清，因为文件都被销毁了……）时，你会感到毛骨悚然，其中大部分是苏联人。在那里我看见了干枯了的人头、用人皮制作的手提包、用头发做的口袋和褥子，我还看见了用人的骨头熬制出来的肥皂。可怕的命运在威胁着世界。我在博物馆里看到了法西斯的计划：他们妄图彻底灭绝斯拉夫民族。

---

① 此处夸耀苏联是人类的指路明灯一句已删掉。 ——译者

要记住，是那些躺在白桦树下的苏联战士拯救了人类。

要记住，成千上万的人为了你的幸福献出了他们的生命。在监狱里、在绞架上、在枪林弹雨中、在杀人营的罪恶炼人炉里、在为保卫每寸土地的殊死战斗中——从伏尔加河到柏林，许多苏联人牺牲了，你的同龄人牺牲了。要记住，我们祖国 2200 万优秀儿女，为了保卫你的摇篮而牺牲了。好几百万个母亲甚至不知道自己的孩子埋在哪里。你要在你一生中最幸福的日子去瞻仰英雄的墓地，向烈士献花和致哀！

要记住，每个民族都有自己最宝贵的财富——为人类的自由和幸福而献身的英雄。你要永远怀念伊万·苏萨宁、乌斯季姆·卡尔麦柳克、亚历山大·乌里扬诺夫、尚多尔·佩捷菲、谢尔盖·拉佐、埃尔斯特·台尔曼、卓娅·科斯莫捷米扬斯卡娅、尤利乌斯·伏契克、亚历山大·马特洛索夫、尼科斯·别洛扬尼斯、穆萨·贾利勒、胡利安·格里马乌这些英雄们！要记住，人民对 2200 万牺牲者当中每个人的献身精神和英雄主义也都给予了这样高度的赞扬。

也许你感到奇怪：为什么父亲在来信中没有讲国外见闻，为什么他讲的都是过去早都知道的事情？因为在这里——不管我看到什么，听到什么，都使我想到祖国、看到祖国。我想到现在不过 20 岁的青年一代，这是多么美好的一代，亲爱的孩子，你们的命运多么令人羡慕啊！你和你的同龄人将活到 21 世纪，你们的创造才能将放出绚丽的异彩。不过，使我感到十分不安的是：我们，你们的父兄，能否将我们的全部精神财富和付出极大代价得来的全部物质财富传给你们？你们是否能够完全理解并真正感受到我们在伟大的卫国战争年代和祖国经济恢复时期所经历的艰难困苦？

希望你们能成为我们的优秀接班人，希望你们珍惜老一辈所创造的一切。而最主要的一点，就是你们（我们的接班人）中的每个人都要把无与伦比的、无可比拟的苏维埃祖国看作是生活中最重要的东西。你们应当时刻准备去保卫祖国，你们要学习军事，应当严肃认真地对待这个问题。我们每个男子汉都应当牢牢地记住：我有两个专业，第一个，也许是教师，也许是农艺师、工程师；而第二个则是大家所共同要有的，那就是祖国的保卫者。

再过一周我就该回国了，我一定顺便去看看你。

祝你身体健康、精力旺盛！

拥抱你，吻你。

你的父亲

第 14 封信

亲爱的儿子:

你好!

对你的来信我想了很久,所以拖到今天才回信。我赞同你以及你的同志们对本校一名学生的行为所表现出的愤怒。爱情的道德纯洁性,是人类灵魂的一面镜子。一个人如果在道德情操方面是肮脏的,那么他就是一个卑鄙讨厌的人。他不可能成为一个好公民、忠诚的劳动者和正派的人。人和世界上其他动物的区别,特别重要的一点是:人使性的本能变得高尚化。在精神生活的这个领域,理智和意志需要成为对性欲高度警惕的哨兵。我不同意某些作家和评论家的观点,他们说什么对感情不能下禁令,人不能控制欲望,这是一种掩饰性道德败坏和"爱情自由"的柔软面纱。列宁对此曾提出过尖锐的批评。这种"情感至上"理论对刚刚步入社会生活的青年人尤其有害。一个人在产生性欲以前,应当为心灵之美所迷醉,应当对他人怀有极大的道德责任感。只有在这种情况下,才会有牢固的、真正的爱情。真正的爱情能使理智有助于感情,能向感情注入道德力量,使内心活动在道德方面趋于高尚,而不使感情受斤斤计较和瞻前顾后的摆布,不使人去盘算他所爱的人能给他带来多大的好处。只有当感情和思想融合成人对人的道德责任感时,爱情才会是高尚的。

你已是个成年人，很快就要做父亲了，因此我极坦率地和你谈了这些。我作为父亲，负有这种义务。如果儿子变成了坏蛋，社会有权首先质问他的父亲，您为什么没有履行对社会的义务？要知道，每个公民极重要的社会义务，就是给祖国培育真正的人。孩子，你要记住，"父亲"是崇高的公民称号。

许多青年人的轻率放荡行为使我不安。在光天化日之下，在熙来攘往的人流中常常见到青年男女又搂抱又亲嘴。一次，我问一个很年轻的姑娘："周围这么多人，你们不感到害臊吗？"她却回答说："难道友情需要掩盖吗？"

这个姑娘的回答并不高明。她虽然在生理上已有做母亲的资格，但在道德上还没有。一个人把应当藏在内心深处的、隐秘的、不可侵犯的感情拿出来示众，这是一种愚蠢的和下流的行为。小伙子刚刚18岁，爱上了姑娘，又是搂抱，又是接吻，这是放荡。真正的爱情，要求终生承担巨大的、神圣的义务。你如果不想失掉自己的感情，不愿在精神上堕落，那么就不要屈从于第一次情欲。对自己负有某种道德义务的人，才能亲吻和爱抚爱人，因为你做了她的丈夫，做了子女的父亲。我认为，除此之外的其他爱情，比如追求刺激的爱情、为排除寂寞而去寻找的爱情，都是道德败坏。

要记住，爱情首先意味着对你所爱的人的命运、前途承担责任。想借爱情寻欢作乐的人，是贪淫好色之徒，是堕落者。爱，首先意味着奉献，把自己的精神力量献给所爱的人，为他（她）创造幸福。

孩子，你要记住：夫妇一生在道德上的纯洁，取决于男女婚前关系的性质，取决于在这种关系中道德情操的因素占何等重要的位置。在爱情方面，"经验多""阅历深"是十分可怕的事。情侣在婚前的品德关系越纯洁高尚，青年人——未来丈夫的道德义务感也就会越强烈。对女人的道德义务感，对她的前途的责任感，能把青年人变成男子汉。纯洁的爱情使青年人健康成长，轻浮的爱情、消愁解闷的爱情使他们堕落。

恋人之间精神交往的最大乐趣是智力和美感的相互充实，逐步认清和不断发现新的道德品质和美德，恋人之间贪婪地互相吸收一切美好的品德并互相交流。有谁不想望忠贞的爱情、白头偕老的爱情呢？但怎样才能获得这种爱情呢？可以说，它取决于人取之不竭的力量。我和你母亲结婚快25年了，每当我们分开几天而又相见时，我总是兴奋得不能平静，我在她这个唯一为我所爱的妇女身上又发现了什么从未见过的新的东西。她的双眼似乎能不断地射出新的美。内心世界的丰富是通过人的目光所表达的大量细腻感情表现出来的。如果这种感情贫乏，那么初次相逢时使你为之倾倒的外表美，也会随着时间的流逝而变得黯淡无光，失去魅力。迷醉于外表美的爱情，只欣赏面部和身段的漂亮的爱情，将不可避免地导致失望，导致"性格不合"、婚姻破裂。

要记住，没有专门的"爱情科学"，但有人性的科学。掌握了这门科学起码知识的人，才能同他人建立起道德情操方面的高尚关系。爱情是对人性最严格的检验。列宁在同克拉拉·蔡特金谈话时强调指出，在恋爱上也必须克己自律。我们男人在这方面起主导作用，每当你感情冲动的时候，一定要自我克制。要知道，恋人之间的肉体结合，从道德上解释，是精神的结合：他们互相尊重，决心白头偕老、同舟共济。要知道，竭力想在婚前发生性行为的小伙子会使内心世界丰富、聪明正直的姑娘感到极大的侮辱和愤怒。

要知道，青年人最幸福的时刻，是他们有着纯洁、理想的爱情的时刻。内心世界丰富的人希望长时间地保持这种爱情。如果两个有着同样高尚的荣誉感和自尊心的青年相亲相爱，那么他们在长时间内不会逾越性行为的界限。这并不是说他们没有这种要求，他们的愿望十分强烈，但他们知道，没有精神上的结合，肉体结合在道德上是说不过去的。他们把精神上接近理想爱情的阶段放得很长，甚至故意这样做，他们从中感受到莫大幸福。

你可能听说过"生活是复杂的"这一类话。一个人在家庭生活中的表现，常常反映出他真实的道德面貌。遗憾的是，在我们生活中还能见到一些人，他们在外边给人一种愿为崇高目的献身的战士形象，但在家里却是一个利己主义者或暴君。有些人，按其道德发展水平来说，根本不具备结婚条件，他们娶妻或出嫁都是严重的不道德行为，是对下一代的"犯罪"。有人认为，结婚可以不受阻拦地满足个人的本能。某些道德败坏的年轻人，尽管他们向对方一再恳求，说出诺言和誓语，但他们还是把结婚看作是一种权力，以便获得婚前未能获得的一切。任何法律也不能使缺乏内心联系的爱情保持久远。

要记住，人们一旦结婚，就不仅承担了法律的和物质的责任，而且承担了精神的责任。社会的精神丰富取决于家庭关系。年轻夫妇有时在婚后头几个月就感到"失望"，让"爱情的诗篇"从身边消失。促成这种不和的原因可能多种多样，但主要有一点：年轻人以为一旦结婚，在肉体和精神结合方面就不会遇到任何阻力，爱情会给他们带来取之不尽的幸福。他们忘掉了爱情之火，姑且让我这样比喻，经常需要添加好燃料——多方面的精神生活。如果缺少这种燃料，爱情之火将会熄灭，冒出浓烟，使你自己和别人都遭殃。只有精神生活丰富的爱情，才能巩固家庭。

要记住，年轻人结婚后在更大程度上应是自己爱情的创造者，而不单是爱情乐趣的需求者。婚后，创造应当超过需求。如不经常积累精神财富，肉体结合就不能达到高尚境界……。在家庭生活的某一阶段，会突然发生丈夫和妻子把全部感情消失殆尽，以致于不能给爱人展示什么新东西，不能给家庭精神生活提供什么新事物的情况。在婚前，曾为短暂离别而饱尝过痛苦，可是婚后，彼此却水火不能相容，家庭生活变成了地狱。要记住，首先孩子会因此吃到苦头。要成为一个完美的公民，首先就要关心社会的未来，关心我们的未来——孩子。你要记住：如果你产生建立家庭的意愿，你就应当好好检验一下自己是否决心要履行公民的义务。任何时候也不要忘记，谈情说爱，意味着要生儿育女。

对于一个善于创造精神财富的人来说，没有第一次、第二次爱情，只有唯一的爱情。要做善良的理想主义者。冈察尔的长篇小说《旗手》中的主人公布梁斯基曾说："那些朝三暮四滥用感情的人，最终应当感到自己一钱不值。"这是一个道德高尚，对唯一的爱情忠贞不渝的人说的话，它含有深刻的真理。如果你是一个真正的人，如果你善于为你的爱人创造精神财富，那么要你不再爱你多年相亲相爱的人，简直不可思议。我再对你说一遍，真正的爱情不因时光的流逝而减弱，相反，将更趋强烈。我把自己的心灵献给了我热爱的人，他（她）把自己心灵中的美和道德责任感也献给了我，我们同心协力创造不能再度创造的财富。这一财富包括：我们的精神进步，理智和感情的互相充实，儿女，家庭的荣誉和尊严，传统，对往事的回忆，诗一般美好的青春，以及青年时代的纯洁感情。这一切都在心灵深处留下了痕迹，以致在重新开始新的生活时，不能不触痛心灵创伤。当丈夫或妻子失去自己的爱人时，往往过了许多年，甚至一辈子也难以忘怀，他（她）不能再燃起新的感情之火。这种情况并不是极少数的例外，也不是"浪漫的遐想"，这是人性的表现。人之所以不能忘记心爱的人，只因为他（她）已经占据了她（他）的心灵，他们的命运已融为一体。

　　这封信写得太长了。我知道，你对父亲的说教不会抱有成见。你要认真想一想我写的每句话，要做一个全面的、真正的人。

　　再见，亲爱的儿子，五一节时回家过节吧，哪怕一天也好。

　　祝你身体健康，精力旺盛！

　　拥抱你，吻你。

你的父亲

第 15 封信

亲爱的儿子：

　　你好！

　　你问我，具有不同文化水平、不同兴趣和需要的两个年轻人会不会幸福，爱情能不能把他们连在一起？

　　一年前，我们学校一个毕业生维拉的母亲来找我。维拉继中学之后又从大学毕业，在一个大工厂的工地工作。母亲给我看了女儿维拉的信，姑娘在信中谈到她的忧郁和疑虑。我在这里改动了姑娘的姓名，所以可以揭开这个很有教育意义的秘密。姑娘写道："他是一个出色的工人，爱上了我，可是我总没有得到我所期待的心灵上幸福的默契。有几次我和他谈起他需要参加函授学习，需要酷爱知识，因为没有受过中等教育将来就无法使用机器。他的文化水平只有六年级……。我对他说，两个人最好能一同去莫斯科，去列宁格勒，看一看祖国的风光。他却惊讶地说：'你想得太远了，要好好想一想今天。有蛮好的工资，这就足够了！至于将来怎样，我们早晚会见到的。况且这些事与我们毫不相干。'接着他又说：'做这种旅行有什么好处呢？除了白白浪费钱，恐怕一无所获。要知道，我们需要盖房子，还得做些家务事，养猪啦，喂鸡啦……。我不想再学习，受完了中等教育或者高等教育又怎样呢，工资又不会提高。瞧，你从大学毕业，工资还比我少呢．'……亲爱的妈妈，你说我该怎么办呢？我现在不愿和他见面，甚至不想看他一眼。我这样做对吗？或者像他说的那样，我的行为过于古怪了。我和一个女友谈过我的疑虑，她说我是个幻想家。我感到我和他一起生活将非常寂寞无聊、郁郁寡欢，就像咱们池塘旁边生长的那株枯柳一样……"

母亲做得对，她给女儿写信说："今天在每个人的面前都展现出了光明、美好的世界。为什么要把自己的生活仅仅拴在家庭、厨房、喂鸡、养猪上呢？根据维克多的话，可以看出他对你的态度。显然，你一旦做了他的妻子，他就会要你退职，接着可能会抱怨：我养活你……。女儿，这种命运是多么可悲啊！"

由此可见，一个人把自己的命运同什么样的人拴在一起，可不是无所谓的小事。他要对与自己齐心协力共同生活的人的精神世界提出一定的要求。在受过高等教育甚至获得学位的人中，也有愚昧无知、没有修养的人；同样，在普通工人和庄员中，也有文化修养很高的人。我们区某村有一个 18 岁姑娘波林娜，她是甜菜生产小队队长。刚分配到村里来的年轻医生结识了这位因父亲去世而只读了八年级的姑娘。他很快爱上了波林娜，但是姑娘却在内心深处隐藏了自己的感情。她喜欢这个年轻人，对他的真心诚意毫不怀疑，但只为一种想法所苦恼：他的文化水平比她高。姑娘痛苦地发现，她喜欢的年轻人兴趣广泛，见识很多，而她却孤陋寡闻。聪明敏感的年轻人很快识破波林娜有一颗极骄傲的心。当他知道她坚决拒绝嫁给他的时候才恍然大悟，姑娘如果不朝她的目标前进一步，她就不会答应他。姑娘对年轻医生说，她想读完十年级，还要升大学。她已经上了函授中学。她的理想是做一位女教师。

姑娘的目标也逐渐吸引住了年轻人。他帮助波林娜学习，自己也决心更熟练地掌握外科医术。他们想望未来，生活于对未来的憧憬之中，确信他们的愿望一定会实现。这是一段纯洁、理想、持续数年的恋爱。在他们结识五年之后，姑娘不仅从中学毕业，还修完了大学的两门课程，这时她才同意结婚。

他们的爱情是道德高尚的友情。他们之间未曾发生过性行为，甚至不允许自己产生这种念头。他们彼此忠贞不渝、信守理想，在这个意义上，可以说他们已完完全全地占有着对方。人们可以建立起没有痛苦，没有悲伤，没有心灵创伤的生活，可以缔造令人惊叹的人间幸福。要记住，你自己就是自己命运和幸福的创造者。

孩子，认真想一想我说的话！

祝你身体健康，精力饱满！

拥抱你，吻你。

你的父亲

第 16 封信

亲爱的儿子:

　　你好!

　　从你的来信得知,我说的一番话在你们宿舍伙伴的心灵中点燃了讨论的火花。这很好,看来年轻人对这些问题并不是漠不关心的。

　　你来信说,你的伙伴中间有人不相信什么男女青年之间存在友谊,既然是男女青年之间的事,必定是爱情。对这个问题,我想说一说我的看法。

　　友谊是培养情感的学校。我们之所以需要友谊,并不是想用它打发时间,而是要在人身上,首先在自己身上培养美德。我认为道德教育的一项极重要的原则是要使每个人从少年和青年早期起就对人的高尚精神深怀赞美,产生敬爱之心。这实际上决定着一个人对人、对人性美的信任。如果缺少这种信任,人的内心世界将是空虚的,生活中遇到的微小挫折都会使他牢骚满腹、垂头丧气。所谓人的心灵空虚,是指一个人对任何事物都失去了信任,这是一种极可怕的缺陷,关于它,过去我曾写过,今天想再重复一遍。心灵空虚的人必然会贪婪地吸收坏东西,难以接受好的影响。因为精神空虚、贫乏本身也是缺陷。心灵空虚的人不会有真正的朋友,他体会不到友谊中的人性。

生活令我相信，一个人如果在少年和青年早期就为一种道德理想所鼓舞，如果他理解什么是正确的人，那么，友谊就会丰富他的内心世界，友谊对他来说，不是为了打发时间，而是自我肯定和自我教育的场所。

男人在成长过程中特别需要这种高尚的对人的精神需求。为了成为真正的男子汉，你从青年早期就应去发现友谊中丰富的精神世界。你的爱情的纯洁性、未来家庭的幸福都和它有关。

没有友谊的爱情是浅薄的。如果小伙子首先把姑娘作为人来尊重，那么这种高尚的友谊也和爱情一样，是美好的。那些想把精神一致建立在视爱情为性欲上的人，恰恰是不珍视爱情的。他们竭力把整个精神生活说成是接吻和争风吃醋。爱情如果缺乏高尚的精神生活——没有对共同理想的追求，没有为实现共同理想而建立起友谊，就会变成一种感情享受。希望你把别林斯基的话记在笔记本里，一个人好好读一读，想一想，对照一下自己。

"爱情是生活中的诗歌和太阳。但是在我们的时代，如果想把幸福大厦只建立在爱情之上，并在内心指望自己的一切意愿都得到充分满足……他将是不幸的。""如果我们生活的全部目的仅仅在于谋求我们的个人幸福，而我们的个人幸福又仅仅归结为爱情，那么，生活将真的变成暗无天日、遍地荒冢、布满尸体的荒野，变成阴森可怖的地狱，而严峻的但丁在诗歌中天才描绘的地狱形象也会相形见绌。"

请你认真想一想这个问题：如果把幸福只归结为爱情，生活将如地狱一般。如果说在别林斯基时代，爱情不能局限于个人幸福，那么，在我们今天如果这样做，必然使自己成为孤家寡人，无所作为，陷入个人感伤和悲痛的狭小天地里。如果说别林斯基在当年就已经看到，"除了内心世界"还有"伟大的生活世界",而在那个伟大世界里,"思想变成事业,高尚情感变成舍己为人的行为",那么在我们的时代,这种世界不仅会展现在个别战士面前,而且会展现在全体人民的面前。只有除了外表美,在人的面前展现出人的丰富内心世界——人的尊严、人的创造能力和社会活动的时候,性欲才具有人与人之间的道德联系、道德义务的性质。幸福如果建立在性欲之上,那是一种禽兽的情欲,它会使人变得愚蠢和轻率。要使爱情成为人的豪迈行为,他必须达到道德的高度发展阶段。首先要确立崇高的生活目的,为达到既定目的而精神焕发地克服各种困难。当为实现崇高目的的斗争变成真正的激情时,情欲就不再是目的了,爱人也成为共同斗争中的战友。情欲不再是目的,便使人变得高尚,使人的思想高于情欲之上。对个人幸福和全人类幸福范围的这种理解丝毫不伤害人的尊严,不会使人感到苦恼,相反,它发展了人的思想,因为在他们的内心已唤起了用高尚的精神需要去充实全部生活的愿望。

对个人幸福和人类幸福一致性的正确理解,能预先防止由一些微小的纠纷和不大和睦而演变成的"悲剧",免使生活遭到不幸。在我们的生活中,这种令人同情、有损于人类尊严的"悲剧"屡见不鲜。年轻夫妇之间常出现"尴尬局面"和"难以解决的矛盾",究其原因大都是由于人们按其个人爱好建立了"小天地"。不言而喻,他们在这个"小天地"里到处碰壁,缺乏赖以寄托的高尚精神。有些年轻夫妇的精神生活中只有爱情,他们常因一些微不足道的小事伤了虚荣心,或受了委屈,几个星期互不说话,让这些小事刺伤自己的心灵,有时还故意火上加油,使其激化。这是"悲剧",双方千方百计要找出什么"观点不同"和"性格不合"来,等等。其实,这些人根本不具备精神心理交往的条

件，在没有确定个人幸福范围以前，就不应结婚。愿你们以此为戒。

几个星期以前，我们区的检察长对我谈到一起离婚案件。年轻人在一起刚生活两周便发生了争吵，"蜜月"的幸福被罩上了阴影。争吵的起因简直令人啼笑皆非：新婚夫妇对电视机该放在什么地方未能取得一致意见，于是争吵不休，两人得出结论，彼此性格不合，无法继续家庭生活。在法院里，一位聪明的妇女——人民陪审员帮助他们，如俗语所说，解开了缠在一起的线团。小两口难为情地回忆起吵架的原因，深感羞愧。如果把苍蝇说成大象，把小事说成"世界大事"，如果一个人的内心里没有任何崇高目的，会堕落到何等地步啊！对一个人来说，最重要又最艰巨的责任是，任何时候都应不失为"人"。要永远做"人"。

祝你身体健康，精力旺盛！

拥抱你，吻你。

你的父亲

第 *17* 封信

亲爱的儿子：

　　你好！

　　你要我教你"怎么样尊重姑娘的女性美"，要我解释什么是女性美。这件事会使你不安，我感到非常高兴。记住，对待妇女持何态度，这是衡量道德的一种尺度。马克思说过："从这种关系就可以判断人的整个文化教养程度。"对待妇女蛮横无理的人，会对一切都蛮横无理。女性美是人类美的最高表现，在这种美中可以看到新生命的诞生，看到美好事物的生长、开花和凋落。妇女是生活的体现者和创造者，对人类的未来怀有最高尚的道德情感。尊重妇女，就是尊重生活。集心灵美和身体美为一体的真正的女性美，是产生于劳动人民之中的。在劳动人民看来，女性美除了包括外表美之外，还应包括女性的软弱，这种软弱使妇女有权享受男人的尊重和关怀。

　　女性美越来越成为整个人类美的"主宰"。如果妇女理解并珍视自己在新生活形成中的特殊作用，她就不可能是不美的。有多少姑娘并不具有鲜明的外表美，然而她们的魅力却令人神往，这就是因为她们有女性美。因此，首先要善于看到并珍视这种女性美。

　　女性美——这是道德纯洁和品行高尚的最高体现，是崇高美德的最高体现。这些特点表现在能以纯洁的感情对待关于男人的一切道德美学关系。男人对这些关系的一切隐秘方面不尊重，这对道德高尚的妇女是个极大的侮辱。

成为母亲之后，女性美就像一朵盛开的鲜花焕发出全部的力量和美。记住，男人的道德越高尚，妇女同他相处时所发挥的作用就越大，她能巧妙地利用自己的女性美来加强自己在家庭中的道德威信。在一个美满的家庭里，妻子通常是道德的指导和主宰，丈夫或父亲越是服从妇女的意志，孩子就越容易教育好。这一点你应该铭记在心。

女性美——这是妇女的一种精神力量，它不仅是教育孩子的力量，而且是教育丈夫的力量。这一点你在我们家里看得很清楚。假如没有你母亲，你和其他孩子就不可能对善与恶如此敏感，这样富于人情，这样富于同情心。

大自然和人类发展的历史进程赋予妇女的工作比男人的更精细、更富有情趣。我们喜欢妇女的孱弱，这没有什么奇怪的。但是，只有孱弱和巨大的精神力量兼而有之的时候，这个特点才能算作优点。女性美的魅力就寓于这种结合之中。在操持家庭中，在教育子女和丈夫的过程中，妻子意志坚定、始终如一和言行一致，所有这些都保证妻子在树立良好的家庭声誉中起主导作用。

许多男人的内心深处残留着封建思想，青年人也有，应该同它做斗争。青年人结了婚，工资不少，就立刻要妻子放弃工作。他认为，他能为妻子带来莫大的幸福。女人应忙于在厨房做琐碎的不动脑筋的活儿，按照列宁的话说，这些活儿使女人变成了家庭奴隶。有志气、有毅力的妇女们不容许自己被如此对待。个别妇女软弱，缺乏坚强精神，她们常常欣然同意丈夫在智力上居于首位：丈夫应提高自己的学识，应学习；

妻子则应伺候丈夫。这样做，不仅对妇女是危险的，而且对丈夫也是危险的。如果你未来的妻子感到并承认你比她优越，那可不是件好事。女性美的确立和发展，在很大程度上取决于妻子智力的发展，决定于她能跳离家庭小圈子多远。聪明的丈夫恰恰是竭力使妻子有丰富的精神生活，使她在家庭的精神生活中处于平等甚至是优先的地位。

如果妻子善于利用自己的长处树立自己在家庭中的道德威信，她的女性美就会增长，在丈夫的眼里，她就会有特别大的魅力，她那美丽的眼睛和面容任何时候也不会失去动人的力量和内在的精神美。她把自己的智慧、自己的精神发展作为影响丈夫和孩子的一个重要手段。

我认识一个具有小学文化程度的、聪明的、意志坚强的妇女，她叫玛丽亚，她和一个受过高等教育的农学家结了婚。她不仅不落后于丈夫，相反，由于她自己意志坚强，她在家庭精神生活中获得了牢固的领先地位。从家庭生活的最初开始，她就在阅读农业技术、土壤学和化学等科学普及读物以及文艺书籍。她认识到，能否同丈夫进行精神上的交流，这将取决于自己能给丈夫多少帮助，能否以他的兴趣为重，此外，还取决于她能对丈夫的精神生活施加多少影响。天生的智慧不仅帮助她理解了所读的东西，理解了丈夫的想法和困难，而且使她在农业方面表现出了创造性。她提出的一些建议有见地、内行，使丈夫惊奇不已，她之所以能做到这一点，在很大程度上因为她是个聪明的、善于思索的勤劳的女人。

她在甜菜小队劳动，自由时间都用来读书。她的知识兴趣范围随着读书越来越广。两个孩子相继上了学。在低年级时，母亲能轻松地帮助孩子们学习。当孩子们开始学习代数、化学和几何时，母亲感到不能帮助他们，这将削弱母亲对孩子们的道德影响——因为他们已习惯了认为

母亲无所不知、无所不能。她决定一步也不落后于孩子们。她做得如此好，以致于孩子们坚信，母亲不是在向他们学习，而是他们在向母亲学习。

她学习了中学的所有课程。她在家庭精神生活中的主导地位得到了巩固。所有这一切是她付出巨大努力的结果。

某些妇女对她的这种求知欲有自己的解释，她们说：玛丽亚力求不落后于丈夫，为的是不失去丈夫。对这个很复杂的现象做这样庸俗的解释，是有一部分道理的，然而却不是正理。由于玛丽亚有很高的自尊感，因此她认识到，为了获得精神财富、获得美、获得真正的家庭生活，她应该成为受尊重的、有魅力的女人。她意识到，没有丰富的内在精神美，外表美很快就会在丈夫眼里黯然失色。这个妇女正确地确定了精神兴趣的范围，她在这个范围内的作用不断增长，从而使她处于家庭精神生活的中心。因此，她一生都保持着女人的魅力。

如果你希望你未来的妻子始终是你唯一可爱的人，那你就要在生活中使你妻子的精神财富不断得到充实。

祝你身体健康，精神愉快！

拥抱你，吻你。

你的父亲

第 *18* 封信

亲爱的儿子：

你好！

你是在促使我写整整一本论文集。我们先谈了友谊和爱情，然后谈了女性，现在你要求我谈谈父辈的审美观点。那好吧，我就来谈谈这个问题。不过，我希望你能把我的这些话永远铭记在心。

自从出现了人类，从人对晚霞的绮丽美景看得出神的那一瞬间起，他就开始审视自己本身。美——这是人性的深刻体现。它是我们生活中的快乐。人之所以成为人，是因为他看到了空旷澄莹的万里晴空，夜空中闪耀着的灿烂星辰，满天耀眼的金色彩霞，刮风天前落日映红周围的黄昏，海天相连处立起的海市蜃楼，茫茫无际的草原深处，3月积雪里凛冽的阴影，在蔚蓝色天空中飞翔的群鹤，在日光下灼灼发光的颗颗露珠，阴沉天气里的绵绵秋雨，丁香灌木里的紫色云团，向日葵娇嫩的细杆和蓝色的风铃草——他看到了在他面前展示出的一幅幅大自然的美丽的图画，感到十分惊异，于是，他也在大地上创造新的美。如果你对这美丽的景致也赞叹不已、流连忘返，那么，你的心也将开放出高尚的美的花朵。

人是最高尚的美的化身。女性的美是人类美的顶峰。伟大的文学家们如荷马、但丁、莎士比亚、歌德、普希金、谢甫琴科、米茨盖维奇把对女性美的炽热情感倾注在不朽的艺术形象之中，他们纯洁歌颂的曾被自己热恋过的女性的美，成了许多代人爱情、道德、情感的标准。女性的美——并不是由性的本能所引起的，也不是什么与性的要求不可分离的。你把下面别林斯基的一段话记在笔记本上，并把它记住："这是一位非常美丽的年轻妇女，在她的面容上您看不出有什么特定的表情——这不是情感、心灵、善良、爱情、自我牺牲、思想、意向的高尚性的体现，她只是美丽、可爱、生气勃勃——仅此而已。您没有爱上这个女人，也不希望被她爱上。您静静地欣赏她优雅的举止和轻盈的姿态，与此同时，在她的面前，您的心不知为什么却跳得更加强烈，而且温柔的、幸福的和谐，刹那间在您的心中发出娓娓动听的声音。"

人的外表美体现了我们对美的标准的认识。外表美——不仅指人类学所说的身体各个部分的完美无疵，也不仅指身体的健美。这是内在的高尚精神的表现，即内心充满情感与思想、道德尊严和对别人与自己的尊重以及谦虚的精神的表现。人的眼睛往往荟萃着人的精神生活，反映着人的思想和情感。人的道德修养和一般精神文明程度越高，内在精神世界在外表上的表现也就越加鲜明。

内在美和外表美的统一——这是人的道德尊严的审美表现。人追求美，多追求外貌，看上去很美，这没有什么不好的。然而我认为（不知你怎么看？），这种愿望加上道德规范就全面了。这种道德规范取决于人类美在多大程度上反映了创造活动的本质。人的美只有当他从事自己所喜爱的，就其性质来说是强调人所特有的某些优秀品质的活动时才表现得最为突出。这时，他的外貌似乎是由于其内在的精神而现出光华来的。米隆塑造的"掷铁饼的人"的美，体现在内在精神力量同强健的体力结合起来的那一时刻，这并非是偶然的。正是在这个结合中凝聚着他的美。一个正在思考如何去进行创造的少女的美，比起一个游惰度日的少女的美，要瑰丽得多，深刻得多。游手好闲是美的大敌。劳动的人——康拜因手、拖拉机手、飞机驾驶员、果木园艺家才是真正的美。内在精神的美，在理智受到鼓励并被创作之光所照耀的时刻，能使学者、思想家、诗人、发明家的面部焕发出智慧的光彩。如果你渴望美——你就得忘我地劳动，直至你感觉到自己已经成为一名创造者、一名能手，成为自己理想事业的主人；直至你的眼睛由于感受到人的最大幸福——创造的幸福，而放射出激情的光彩。

美是灵感的伴侣。O. 冈察尔有一部叫《向日葵》的短篇小说。里面讲了一个雕塑家，他受人之托雕塑一个少女——向日葵高产能手的半身像。可是这个少女长得十分难看，连雕塑师见了都感到惊讶。少女的容貌不能激发雕塑师的灵感，于是他拒绝了这项工作。一次在去车站的路上，雕塑师经过一片正开着花的向日葵地，在那里他才看到了自己的主人公——她正在劳动。然而这时她的容貌看上去却同初次见面时截然不同，它因劳动的美感而显出了光彩，在外表上流露出内在的美。"她真美！"雕塑师禁不住高声地说道。这时在他的想象中已经塑造出了少女的面容。

外表上的美有其内在的道德根源。为人们所喜爱的创造可以使人变美，改变人的容貌——使它变得清秀和富有表情。

繁难——即通常人们所说的"创造艰苦"，也可以创造美。正如悲伤使人的脸部布满深深的皱纹一样，"创造艰苦"是使人的面孔变美的最精巧和最熟练的雕塑家。反之，内在的空虚也可以使人的面部表情冷漠和迟钝。

　　如果内在精神的丰富能创造人的美，那么无所事事，甚至不道德的行为则会将这种美毁掉。当你同一个大的集体中的许多青年人接触时，在许多清楚的、熟悉的面孔当中你看见一些没有什么能够引起你注意的面孔，它们的形象隐隐约约，只给你留下一个模糊的印象，而不十分清晰。同样的道理，精神空虚也会使人的形象模糊不清。

　　不道德的行为可以使脸变得丑陋。撒谎、伪善、空谈都会使人逐渐形成一种呆滞的神色：他回避直视别人的眼睛，因为在他的眼睛中没有真实的思想，他把它隐藏起来了。阿谀奉承、奴颜婢膝不仅会使眼睛、面容表现出卑躬屈节，而且会给整个举止也留下这种痕迹。自己要做自己的主人。要珍惜自己的尊严——这是人的真正的美的源泉。

　　人类美的标准——这同时也是道德的标准。健康的身体、崇高的道德、高尚的美感——这正是我们通常总说的那种和谐。如果不能使人成为美好的，以及使人的崇高的情感之一——爱情，成为美好的，那就不能使我们的生活也成为美好的。只有当我们社会里的千千万万人中的每一个人，形象地说，都闪耀着自己的内在美时，那才将是人类美的顶峰。我坚决地相信，到了共产主义，所有的人都将是美丽的，不可能不是这样的，因为内在美的花朵和外表美的花朵将同时开放。

　　你——自己精神美的创造者，你的美也将影响你周围的人。

　　给你寄去格林的《选集》。这本书不仅要用脑子读，而且要用心读；不仅要逐字逐句地读，而且要领会它的精神。

　　祝你身体健康，精力旺盛！

　　拥抱你，吻你。

你的父亲

第 *19* 封信

亲爱的儿子：

你好！

收到了你从农庄寄来的信。5 年期间你起码能去 5 个州，你会很好地了解乌克兰的农村的。你在来信中说，在你工作的村子里审判了一名过去的警察——祖国的叛徒，他在 20 年前曾迫害过苏联人，折磨并杀死过游击队员、老人、妇女和孩子。你感到奇怪的是：这怎么可能呢？一个在苏维埃国家出生，在社会主义制度下成长起来的人，突然变成祖国的敌人。"要知道，生活本身在教育呀！"你扬声说。

问题就在这里。我坚决相信这一点：不是生活本身，而是人在教育，生活仅仅帮助人。我给你讲一个故事，从中你会明白，背叛者是怎样产生的……

不久前，在我们区的一个村子里住着一个人。他的命运是可怕的，同时也是富有教益的。

这件事发生在战争初期，战火笼罩着整个乌克兰。法西斯匪徒像野兽般地从西面爬来。我们的军队撤退到第聂伯河的对岸。在 8 月的一个清晨，敌人的摩托车队开到了这个人居住的村子的主街上来。人们都躲在农舍里，孩子们也不敢做声，畏惧地向窗外窥看。

　　这时人们突然看到一件难以置信的事：这个人从农舍里走出来——他身穿绣花衬衫，脚蹬擦得发亮的靴子，双手捧着放在绣花手巾上的面包与盐。他故作媚态，向法西斯匪徒微笑，把面包和盐端上前去，鞠了一躬。一个红黄色头发的小个子上等兵仁慈地接受了面包和盐，拍了拍叛徒的肩膀，并请他抽了一支烟。

　　这个人殷勤招待敌人的丑行，整个村子都知道了。人们胸中燃起了憎恨的怒火，握紧了拳头。后来人们开始思考：这个人是谁？是什么使他走上了危险的背叛道路？人们回忆他祖先的家谱，默默地想起他的童年。怎么可能呢？要知道他是个 20 岁的青年，大概还是个共青团员。可是，你等等，他叫什么名字？他姓什么大家都是知道的，因为姓随父母，可是他叫什么名字，却没有人知道。大家对他的母亲——女庄员亚林娜都很了解，所以从小人们都管这个人叫"亚林娜的儿子"。大家开始思考，究竟是什么原因促使这个年轻人走上了背叛的道路？可是关于亚林娜儿子的情况谁都说不清楚。邻居说他是被娇生惯养的孩子。父母就这么一个独子，他生活得无忧无虑，要什么有什么：睡到吃午饭才醒，床旁边的桌子上放着母亲精心准备的鲜牛奶、白面包、酸奶油……别人教育孩子从小就养成劳动习惯，天刚亮就喊醒他们，让他们去地里干活；可是亚林娜却保护自己"宝贝儿"（亚林娜就是这样称呼他的：我的宝贝儿，我就你这么一个可爱的宝贝儿！），不让他劳动，什么也不让他操心和牵挂。

　　你看，这就是生活在教育……。一切都取决于人对待生活的态度，取决于生活将用哪一面来影响人的心灵。

　　这孩子在学校上到六年级，后来开始感到学习吃力，于是母亲决定：别让孩子遭罪了，最重要的是身体。在 18 岁以前，这孩子一直闲游放荡，并已经开始往夜校女学生那儿跑，迷恋姑娘们了……。人们回想起，战争爆发前两年，有一个美丽的姑娘的母亲来到亚林娜家，来时脸上还带着泪痕。她们谈了些什么，谁也不清楚。村子里的人只知道，那个黑眼珠的漂亮姑娘不再出门了，后来她住进了医院。少女的美消失了，黑眼珠里闪烁着的火花也熄灭了。邻居打听到，亚林娜把自己的"宝贝儿"送到遥远的农庄一个养蜂的叔叔那里去了。传闻亚林娜的儿子生活得逍遥自在，吃的是面包蜂蜜，每天晚上，一个梳淡褐色辫子、蓝眼珠的漂亮姑娘都要来到一棵高大的白杨树下同他约会。有一次，亚林娜病了，捎信让儿子回来，因为好多家务事需要他帮助料理。儿子回来了，在家待了 3 天。他干的活看来是不轻的：担水，劈木柴，割草……。后来他又回他自己住的农庄去了。

你看，生活在教育……。要知道，亚林娜是非常宠爱自己的儿子的。可是儿子又是怎样报答她的呢？假使生活本身在教育，那么母爱应当使儿子培养起爱的情感来。然而生活并非都这样简单，有时爱也可能变成严重的不幸。

在艰苦的岁月里，亚林娜的儿子是怎么和什么时候回到村子里来的，谁也说不上来。黄昏时，老人们和妇女们坐在枝丫浓密的樱桃树下谈论着这一切。有一个想法使他们始终感到不安，就是他到底像谁呢？法西斯匪徒占领村子才 3 天，亚林娜的儿子已经带着警察的臂章在村子里面到处走动了。

"我们猜，我们想，但心情并不因此感到轻松。" 70 岁的尤希姆老大爷说，"他是怎么成为一个卑鄙的家伙的？是由于精神空虚。这个人百无聊赖，对一切事物都失去了感情，精神没有任何寄托。他无论是对自己的母亲还是对自己家乡的土地都无动于衷，他并不因为自己祖先的土地失陷而战栗过一下。他没有耕种过家乡的土地，没有给人们创造过任何财富，没有用汗水浇灌过农庄的田野，他的双手没有在艰苦而愉快的劳动中磨出过茧子。"

这些话不胫而走，交相传说。这时，亚林娜的儿子已经成了法西斯的忠实奴仆。他协助敌人把庄员驱往法西斯德国服苦役，帮助他们掠夺庄员的财产。人们都说，在亚林娜儿子那里发现了被害的游击队员的衣服……。黑眼珠的漂亮姑娘的母亲咒骂这个法西斯奴才，她直截了当地说，就是他把她的女儿送往德国服苦役去了。

对亚林娜来说，可怕的日子来临了。她看到，人们都厌恶她的这个败类儿子，对她本人也同样抱着鄙视的态度。她曾试图规劝自己的儿子，提醒他苏维埃政权回来之后要对他进行惩治的。然而儿子却威胁母亲说：你知道吗，他们怎样对付不同意新秩序的人。"那我就不再承认你是我的儿子！"母亲说完就离开了农舍，到妹妹那儿住去了。

可怕的占领时期结束了。11月的一个清晨，苏联军队给人们带来了自由。激烈的战斗在村子的侧翼迂回进行。亚林娜的儿子没有来得及同自己的主子一起逃跑。后来，亚林娜的儿子被进行了审判，被判处7年徒刑。

7年过去了，亚林娜的儿子从监狱里被放了出来，这时他的母亲已卧床不起、生命垂危。亚林娜请所有的亲戚和村子里德高望重的老人来到她的床前，唯独不允许自己的儿子走到她的跟前。临死前她说："亲爱的乡亲们！不要把这块沉重的石头压在我的心上了！不要再把这个人当成我的儿子了！"

儿子站在屋子中间，无精打采，满不在乎，对母亲说的话不以为然。于是尤希姆大爷就替大伙说："亚林娜！就照你说的办吧！我们不

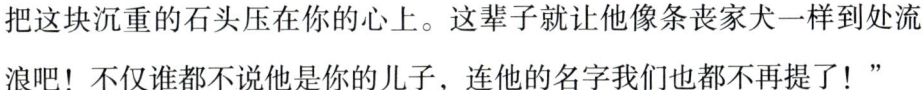

把这块沉重的石头压在你的心上。这辈子就让他像条丧家犬一样到处流浪吧！不仅谁都不说他是你的儿子，连他的名字我们也都不再提了！"

尤希姆大爷的话看来是有先知之明的：即使过去也很少有谁知道这个叛徒的名字，全都叫他"亚林娜的儿子"，现在则完全把他的名字忘掉了。管这个 30 岁的人叫什么的都有。一些人管他叫"卑鄙的家伙"，另一些人说他是"没有灵魂的人"，还有一些人称他是"丧尽天良的人"。他住在父母的农舍里，谁都从不到这儿来，邻居也都不让自己的孩子们走进这个"没有名字的人"的家——这是全村的人最后给他起的名字。

他去农庄干活，人们都避开同他一起劳动。有一段时间，农庄缺少农机人员，他要求去学拖拉机，但没有人愿意个别教他。

亚林娜的儿子成为一个被抛弃了的人。人民的审判看来要比监狱厉害得多。他想结婚，但没有哪个妇女或姑娘愿意同他结合在一起。

他设法离开了村子。就在这个时候他才看清人民道德的全部力量。他开始懂得，背叛祖国的人是永远不会得到宽恕的。

从那时起又过了两年。"没有名字的人"头发长得乱蓬蓬的，就像一个百岁老翁。他的眼睛也不知怎么看不清了，都说他精神失常了，整天坐在院子里，好像是在晒太阳。他自言自语，也不知说些什么，没事总在地里翻掘，找一些草根之类的东西充饥。有人出于怜悯，夜里常常给他送去面包和菜汤，放在老梨树的大树墩上，"没有名字的人"清早贪婪地把饭菜吃掉。

有一次，我正好到那个村子去。我坐在村苏维埃主席的办公室里。这时进来一个年老体衰的人——看上去有 70 岁左右。"这就是他，'没有名字的人'。"村苏维埃主席小声说，"他现在 39 岁……听听他想说

些什么。"

"让我随便到什么地方去都行,""没有名字的人"的嗓音嘶哑,内心沉痛地恳求说,"我不能再在这儿住下去了。送我到养老院或随便哪个收容所去吧!如果不送我去,我就吊死!我知道我咎由自取!应该受到人们的鄙视和诅咒。但我希望在临死之前能听到哪怕几句受听的话。在这里大家都知道我,我只能听到诅咒。"

人们怜悯他,把他送到了养老院。那里谁也不知道他的过去,对待他就像对待一位理应受到尊敬的老人一样。听说他在那里高兴得像个孩子。当需要他为集体做点事,如整理花坛或挑选土豆时,他都争着去做。可是关于他过去的事后来不知怎么传到了养老院,人们对他的态度立刻同过去迥然不同了。关于这个人的过去,没有人愿意提起,可是大家都开始回避他。两个原本和他同住一个房间的老人要求搬到别的屋子去了,于是只剩下他孤独一个人。在年末一个寒冷的深夜,他突然杳无踪影了,至今没有人再见到过他。

我希望,这个没有名字的人的可怕命运能促使年轻人从旁观察一下自己,审视一下自己的心灵,反问一下自己:在我们苏维埃的生活中什么对我才是最珍贵的?我是怎样同人民保持联系的?过去我是如何得到,今后又将如何得到人民的尊敬?

你也来回答一下这些问题。思考一下:如果一个人的心灵中没有一颗神圣的火种,一颗使人得到幸福的火种,即对人们的热爱,那就等于自己把自己推向孤独的深渊。为什么一个诚实的、热爱劳动的妇女的儿子成了叛徒?难道他没有过愉快的、无忧无虑的童年?从表面上看,母亲为儿子充分地安排了幸福的生活,可是这是什么样的幸福呢?她又是如何来安排的呢?纵情享乐成了孩子的幸福,利己主义的欲望蒙住了孩子的眼睛。这些东西就像一堵墙似的把他同人民的快乐与苦难隔开，导致这个年轻人的心变得如铁石一般冷酷无情。如果一个人把寻欢作乐看作是唯一的幸福，如果人与人的关系只是依人为生，那么就不可能培养出一个公民具有一颗诚实的心和同情人的心。

人格的核心——即忠诚、自尊心、苏维埃公民的自豪感，是心灵中至高无上的东西，是比生命更珍贵的东西。爱祖国、爱人民——这两股急流汇合而成了一条浩瀚的爱国主义大河。不要忘记，在你的一生中将会有这种时刻，即要求你表现出一个公民的勇敢和坚强并贡献出自己的全部智慧和力量的时刻。你要对下面两种命运做出抉择，即一面是快乐和幸福，另一面是巨大的困苦，甚至要为人民的生活和幸福牺牲自己的生命。你要准备在需要的时刻，受命于危难之际，走第二条，也就是牺牲的道路。你知道在我们学校的光荣榜上悬挂着 18 岁的青年列奥尼德·谢甫琴科的肖像。在开垦荒地的第一年，他志愿到哈萨克斯坦去做一名拖拉机手，后来为了保护社会主义财产，他牺牲在自己的战斗岗位上。在他的肖像下面有一句印度名言："人的一生犹如一块铁，如果使用它，铁就会磨出光泽，如果不去用它，锈就会把铁侵蚀。"让你的这颗心放射出灿烂的光辉，既照亮自己，也给孩子们照亮前进的道路——这才是生活的幸福所在。可是，如果你的心被锈侵蚀，记住，你将注定要毫无价值地、苟延残喘地活着。列奥尼德·谢甫琴科在燃烧和腐朽之间选择了前者。在 1956 年 2 月一个寒冷的冬天，他和同志们一起开拖拉机到距离农垦农场 50 千米远的地方去拉干草。在返回农场的路上，暴风雪突然猛烈袭来。他们本来可以把拖拉机扔下，到离大道不远的畜牧场老乡家里躲避一下。然而列奥尼德·谢甫琴科没有把拖拉机扔下不管。"你们走吧！"他跟同志们说，"等暴风雪过去了你们再回来！

我留在这里，我得把发动机烧热，因为如果把机器停下来，以后就是用一天一夜也甭想把机器发动起来。可我们是来运草的，牲畜不能没有饲料……"暴风雪转成了风暴，天气更加寒冷了。人们已无法走近拖拉机队。过了一昼夜，同志们在驾驶室里找到了这个青年，他已经冻死了，可是他冻僵了的双手还紧紧地握着驾驶盘。

"没有名字的人"和这个令不止一代青年引以为荣的 18 岁青年，都生长在同一块土地上，生长在邻近的村子里，为什么他们的命运竟如此截然不同？这是因为，一个活着，正如常言所说的，是为了填饱自己的肚子，而另一个爱祖国、爱人民。"没有名字的人"的母亲不让自己的儿子为世界上的事情操心和担忧，而是对他百依百顺，宽容放纵，让他尝尽人生乐趣，这固然是这个母亲的最大快乐，然而列奥尼德的母亲却是这样教育自己的孩子的：你生活在人们中间，要记住，你给人们带来快乐就是你最大的快乐。我回忆起列奥尼德的幼年和少年时期的生活，这孩子和千千万万其他的孩子一样的平常：课间休息时很淘气，和同学们打架，玩弹弓子。但这些东西并不能体现人的精神生活的核心。最主要的是，要让人在幼年时体验到最大的快乐——为人们做好事的快乐。在列奥尼德家旁边是拖拉机队，拖拉机手们经常躲在木制驾驶室里避雨。因为周围是一片空旷的田野，炎热的天气，人们也没地方去乘凉。于是母亲跟孩子们说：咱们给大伙种棵核桃树吧！当时才 7 岁的列奥尼德也参加了劳动。拖拉机手们非常感激，孩子们也都很高兴……。现在距离那个时候已经有 14 年了，核桃树枝叶茂密起来，在炎热的天气里人们都到树荫下休息。

我看着你的眼睛，我的孩子，并且想着：你为大家都做了些什么？把你和劳动人民联系在一起的那条线在哪里？从永恒的、无限的美（革命的成果）中吸取营养并滋润你精神的高尚的根基在哪里？什么给你带来了生活中的最大乐趣？你和同学们五一节时开拖拉机连着在地里干了两天活，以便让老拖拉机手们能够休息几天。你下班时感到疲惫不堪，满脸都是灰尘，但心里却感到十分愉快和幸福，因为你为大伙做了好事并从中得到了快乐。你往地里运送了 20 多吨肥料，结果使连野草都不长的不毛之地变成了肥沃的土壤。当你的两眼望着自己的土地时，你的眼中闪烁着自豪的火花。然而这火花能够永远不熄灭吗？——这就是我所感到担心的。

在我们整个人民的"大花坛"里，千万丛蔷薇花越艳丽，猪蓬草或曼陀罗就越刺目，不知它们是从哪儿长出来的，使我们感到不快。猪蓬草和曼陀罗可以拔掉或从花坛里起走，可是人却不能把这些杂草摈弃于社会之外。应当使曼陀罗不再生长，使每颗撒进肥沃土壤里的种子都绽发出美丽的花朵。

一年前，我们区有一个农庄的庄员们被一个前所未闻的消息所激怒：大田生产队长命令司机往沟里扔下好几吨化肥——以便减轻负载。队长和司机都是青年人，早在战后就一起加入了少先队，曾宣誓要忠于共产主义崇高理想，后来又一起加入了共青团。在我们美丽的土地上，这两个人，同"没有名字的人"，同丧失人性的刽子手，同连续抛弃了三个家庭并在每个家庭都留下一个孩子的 27 岁的年轻父亲，都是一类货色。他们所犯罪行的程度，当然有所不同，但是他们作恶的根源却是一个，即道德变态，也就是人们所说的精神空虚。

有一句谚语："近朱者赤，近墨者黑。"这是千真万确的，但也不尽然。有时一个人似乎并没有谁教他做什么坏事，也没看到他有什么不道德的行为，可是他却成了一个卑鄙的家伙。关键问题在于，正如实际情况所表明的那样，谁也没有教他学好，也没有教他学坏，结果他就像荒地上的莠草一样生长起来。

如今我们可以想象得到的一种最危险的东西——精神空虚，就这样产生了。谁也没教"没有名字的人"背叛祖国和欺压群众，但他之所以变成那样，尤希姆大爷说得好，是因为他的这颗心不管是对母亲还是对家乡的土地都无动于衷，是因为他没有耕种过家乡的土地，没有为家乡的土地流过一滴汗水和尽过一点义务。如果对一个人既不教他学好，也不教他学坏，他就不能成为真正的人。为使人类的一个幼小生命成为一个真正的人，就只能教他学好。

祝你身体健康，精力旺盛！

拥抱你，吻你。

你的父亲

第 20 封信

亲爱的儿子:

你好!

你的来信使我很为难,信中提出的问题实在不太好回答。你征询我的意见,怎样才能使共青团小组的活动热情洋溢、生动有趣,使"会上不感到无聊,不为会议怎么还不结束而感到着急……"。不好回答是因为我不大清楚你们的集体最关心的是什么,你们的团员都有哪些要求和理想。可是提点意见还是应该的。

我很了解共青团组织的这个弊病:聚集到一起开会,可不知道谈什么,讨论什么问题。原因在哪里呢?我觉得,原因在于所有的会议都脱离了集体的精神生活,没有集体的争论和辩论。你们的会议只有在非开不可的情况下,换句话说,只有当你们产生在一起集体思考、展开争论、互相商量的想法时,才能引起大家的兴趣。

在我看来,所有的共青团组织——不管是学校的、农庄的、还是工厂的、大学的——最主要的工作应当是培养人。要做到使共青团会议成为自我教育的学校。培养才智和生活经验,培养情感,培养公民义务感,培养良好的道德品质——所有这一切都应当通过适当的活动体现出来,在这些活动中要使每个男女青年看清自己、认识自己、考虑自己的命运、为自己的前途感到焦急和忧虑。与此同时，还要将自我意识同对理想的追求结合起来，使每个人都有奋斗目标。我坚定地相信，大学和大学生共青团组织最重要的教育任务是使人形成正确的世界观，确定人的思想目的性，而这一切要从培养聪明才智开始。思想好比是根，理想好比是幼苗，思想加上理想才可以长成人的思维、活动、行为、热情、辩论的大树。我认为，共青团组织应当教会每个年轻人了解最重要的生活的智慧：应该怎样去思考以便接近对思想的认识，并在自己的实践活动中争取理想的实现。在共青团组织中，可以看到这样一种非常奇怪的现象：大家什么都谈论，甚至包括心里想的有关形成世界观的一些最重要的问题，唯独忽视了关于培养聪明才智的问题。要知道，一切都是从这里开始的，它是一切的根本……

可是，应该怎样培养聪明才智，形成正确的世界观，提高思想水平，树立崇高的思想呢？先从哪里开始呢？

经验是智慧之母——达·芬奇曾这样说过。铁器如不使用会慢慢生锈；死水容易变污浊，而且寒冷时容易结冰；人的才智如不去利用，就会变得枯竭。你们考虑一下，讨论一下：什么是我们的生活经验？我可以肯定地说，这个讨论将是非常有趣味的。这是因为你们当中每个人都只是从某一方面去总结自己。你们将在讨论中对自己的言行进行分析；你们将既谈到思想，又谈到理想，而这一切都离不开个人的感知。在关于生活经验的辩论中，每个人都要把自己所做的事情加以总结，然而这个总结不可能不掺入自我评价。这种讨论的重大教育意义恰恰表现在这里。追求实际目的的、强有力的智慧是世界上最卓越的智慧——歌德曾这样说过。总结自己的经验要着眼于实际目的。因为你们的全部学识、全部智力劳动都是为了实现这样的实际目的：成为好的公民、好的创造者、正直的人，成为头脑清醒、心地纯洁、双手灵巧的人。你们要好好想想，你们是如何争取成为一个好人的。你们读些什么书？什么使你们激动不安？在你们的智力劳动中究竟有多少寻根问底的精神？"要想消化知识，就要如饥似渴地吸收知识"，我想把阿·法朗士的这句名言作为对你们讨论的赠语。

你们应当具有创造性的智慧。什么叫创造性的智慧？那就是行动中的世界观。你们在大学的学习，一般来说应当具有这样的特点：你们在思考时，不仅要认识和解释周围世界，而且应当有所肯定、有所争取、有所捍卫。一位大学共青团干部跟我说："很难把大学共青团组织的工作安排得使每个男女青年都能参加到某项具体的活动中来。我们是'纯粹的思想家'，我们同生活能有什么直接的联系呢？"

不经之谈！要知道，"纯粹的思想家"也有为坚持自己的信仰而去献身的。总结自己的生活经验时，你们应当回答这样的问题：我们肯定什么？捍卫什么？争取什么？我想，在我们的社会里，正是在思想领域内，科学唯物主义世界观同迷信、偏见、思想僵化之间还将存在长期的尖锐斗争。还有不少人坚信，许多现象都有可认识的一面和不可认识的一面，即还存在着某些永远不可能被认识和被解释的神秘的、超自然的现象。通常只有信仰上帝的人才持有这种观点。应当在他们的思想中确立另一种信仰和寄托，即相信人正在一个一个地解释昨天还未被认识的自然界的和思维的奥秘，而且在认识过程中人又不断遇到了需要做出新的解释和需要探索的新的奥秘；相信人在认识了生活最复杂的奥秘之后，就能掌握住最大的、永恒的奥秘——人生的奥秘。这是争取理智的胜利、人的胜利的真正斗争。别林斯基写道：人赋有智慧，是为了人能理智地生活，而不是仅仅为了让他看到自己愚昧地活着。你们要用自己为人类斗争的经验来武装自己。那时你们就有东西可辩论，有东西可讨论了。

你们在自己的日常生活中应确定这样一条最重要的科学唯物主义信念：今天还未被认识的，明天将被认识。譬如，无线电波的物质本性尚未被完全揭示，而引力的实质被解释得非常模糊，这里还有很多不清楚的地方。恰恰要在这里，在自然界的这些奥秘中为科学唯物主义的认识而斗争。要思考、思考、再思考！精神上的营养越丰富，你们的争辩就会越激烈，你们对生活经验的认识也将越深刻。

如果你们能去思考那些尚未被认识的事物，你们将成为真正聪明的人。列夫·托尔斯泰写道：智慧"是所有的人不可缺少的，因而也是所有的人所固有的"。智慧表现在对自己的使命和完成这一使命的手段的认识上。"如果智慧具有从充满智慧的人那里把智慧移植给缺乏智慧的人的特性，那就太好了……。然而遗憾的是，接受别人的智慧首先需要独立地工作。"

因此，对这些名人的话你也应该深入思考一下。不管你周围的人有多聪明，如果你游手好闲、消磨岁月，那么，你在人类智慧的长梯中将一阶也攀登不上去。不管你身边展开的辩论是多么饶有风趣，你都要独立进行思考，只有这样你才能变得更聪明。

我很想建议你们在共青团讨论会上辩论一下罗曼·罗兰所说的"智慧的勇敢"和"智慧的忠诚"是什么。他说："智慧的勇敢就是在繁重的脑力劳动面前不畏惧。智慧的忠诚就是在真理面前不退缩，不惜任何代价追求真理、发现真理，藐视轻而易举做出的决定和违背心灵的谎言。要勇于独立思考，要做真正的人。"你们想一想，正如常言所说的，每个人都要老老实实地扪心自问：每当你们在脑力劳动中遇到困难时都能够自己克服吗？要记住，孩子，在脑力劳动中很容易企图走轻松的捷径，而躲避困难的探索，你在为公正的真理的胜利、为思想和理想的实现而斗争时遇到的困难都能克服吗？

你看，关于智慧和聪明有多少问题可以辩论，有关思想和理想的问题可以辩论的也很多。我很希望你们就下面这样一些问题举行辩论会："谁是我认为值得学习的榜样？""人的理想和理想的人""道德和美"。我记得我过去在学院学习时就讨论过这些问题。你们不妨试试看，你们一定会看到，许多观点都将是针锋相对的。

没有理想就不可能有所前进！没有理想就不会有青年人的梦想，而梦想恰是点燃共青团集体崇高热情的火花。如果你们讨论一下关于理想的问题，你们自己就会看到，创造性思想的发挥能使你们俯视大量的生活现象，并从中找到你们认为宝贵的东西。

这就是我给你们提的关于在共青团会议上应当辩论些什么题目的建议。这样的讨论会当然不同于那种大家都感到厌烦、谁也不想发言的会议，因为那些会议总是老生常谈。这样的讨论会将是兴趣盎然的、充满高尚激情的活动！

祝你身体健康，精力充沛！

拥抱你，吻你。

你的父亲

第 21 封信

亲爱的儿子：

　　你好！

　　你请我就如何经济地和合理地利用时间给你提些建议。你抱怨说："工作一件紧接着一件，转瞬间一天就过去了，原定要做的事情结果没有做完。"从你的来信中，我清楚地知道，在你的身上，压着一大堆书需要读，就像你说的那样，来不及读完建议你读的全部书籍。

　　根据我的经验，我向你提出几条戒律。

　　1. 第一位的和最基本的（关于这一点，早在去年我就写信给你说过）就是善于在听课过程中节约并积累时间。不善于听课，会使大学生的脑力劳动出现"紧急动员"的时候。测验（或考试）前的几天，他就一个劲地死啃课堂笔记本，而在快测验的时候，就开夜车，一昼夜只睡两三小时。他把每天应当做完的工作都堆积到这"紧急日子"里去做。据我计算，这种"紧急动员"的日子，在一年之中集中起来，不少于50天，差不多是全年工作时间的1/4。这里隐藏着时间不够的一个最主要的根源。必须防止这种"火急地"、昼夜不眠地啃课堂笔记的做法。要学会在课堂上思考大纲，天天复习笔记，即使只用两小时也好。我建议你把笔记分成两项（栏）为好：第一项内记录简要的讲课内容，第二项内记录需要思考的问题；这里要记中心和主要问题。这是个骨架，这门课程的全部知识都联结在这个骨架上。这些骨架似的问题，你需要天天思考。要思考清楚，就要天天读书，就像我说过的那样。如果你能按照这个要求对待每一门课程，那你就不会有"紧急动员"的日子了，就不需要在准备考试或测验的时候死啃笔记了。课程的骨架是一个独特的大纲，要在它的基础上去记忆这门课程的全部材料。

2. 如果你想有充裕的时间，那你就要天天读书。天天读，并且要仔细阅读若干（4—6）页同课程有一定联系的科学文献。专心阅读，深入思考。你所读的一切，就是你用以治学的知识底子，底子越雄厚，学习越容易。你每天读的东西越多，你的时间后备就越充足。因为在你阅读的东西之中，有千百个接触点同你在课堂上所学的材料连接起来。我把这些接触点称为"记忆的锚"。它们把必须有的知识同围绕着人的知识的海洋连接在一起了。

要学会强迫自己天天读书，不要把今天的工作搁到明天。今天丢弃了的东西，明天怎么也补不上了。

3. 要从早晨 6 点钟左右开始你的工作日。5 点 30 分起床，做完早操，喝一杯牛奶（不要养成喝茶的习惯，成年以后喝也来得及），吃一个圆面包，开始工作。如果你习惯了自己的工作日从 6 点开始，那就要努力再提早 15—20 分钟着手工作。这是良好的内在动因，能促进整天的工作。

清晨起来，上课以前，用功一个半小时，这是黄金般的时间。凡是早晨我能做到的事，我都要把它做完。30 年来，我都是从早晨 5 点开始自己的工作日，一直工作到 8 点的。30 本有关教育学方面的书，以及300 多篇别的学术著作，都是利用早晨 5 点到 8 点的时间写成的。我已经养成了脑力劳动的节律；即使我想在早晨睡觉，也是办不到的；我的全部身心，在这个时间只能从事脑力劳动。

我建议你用早晨一个半小时的时间去从事最复杂的创造性的脑力劳动，去思考理论上的中心问题，钻研艰深的论文，写专题报告。如果你的脑力劳动带有研究的成分，那就只能在早晨的时间去做它。

4. 要善于确立自己的脑力劳动制度，这具有多方面的意义。我是就事情的主次关系而说的。主要的事情要专门安排时间去做，不要把它挤到次要的地位上去。主要的事情要天天去做。要确定哪些是最重要的学术问题，你能否成为工程师，有赖于对这些学术问题的理解。有一系列的问题是相互渗透的，它们贯穿着许多的学科。主要的学术问题应当在你早晨的脑力劳动中放在第一位去钻研。要善于寻找那些与主要学术问题有关的、最基本的书籍、科学著作，要去仔细、认真地钻研它们。

5. 善于给自己创造内在的动因。在脑力劳动中，许多事情并非都是那么有趣的，都是你很想去做的。经常的、唯一的动因就是需要。脑力劳动正是由此开始的。要善于把思想集中在理论的细节上，而且要集中到这样的高度，以致于渐渐地把"我需要"变成"我想要"。最有兴趣的工作，总要放在工作快结束时来做。

6. 让书刊的大海包围着你。在大学时期，必须很严格地选择你要阅读的书刊。求知心切、好学心强的人什么书都想看，但这是办不到的。要善于限定阅读范围，超越这个范围，那就会破坏劳动定额。但同时也要记住，随时都会出现你预先没有列入计划的必读新书，这就需要有备用时间。如同我已经写给你的那样，这些备用时间，是从因善于进行课堂学习、善于做笔记并防止了"紧急动员"的时日里挤出来的。

7. 要善于提醒自己：有很多活动包围着你。有科学小组、文艺活动小组、运动队、跳舞晚会、许多俱乐部，这些地方都可以消磨时间。而你要表现坚定，要善于选择。因为这些多式多样的活动都具有诱惑力，它们可能给你带来很大的损害。娱乐和休息都是需要的，但是不能忘记最主要的：你是个劳动者，国家在你身上花了大笔金钱，因此，占第一位的不应当是跳舞，而应当是劳动。为了休息，我主张下象棋，读文艺作品。在极度寂静中聚精会神地下下棋，这是调解神经系统、使思维条理化的最好方法。

8. 不要虚度时光。我指的是空谈，白白地浪费时间。常常有这样的情况：几个人坐在办公室里，像俗话说的那样，闲聊起来。一小时、两小时过去了，什么事也没有做，任何高明的思想也没有谈出来，而时间却一去不复返了。要善于把自己和同志们的谈话变成充实自己精神世界的源泉。

9. 要学会减轻自己今后的脑力劳动。我说的是要善于建立未来的时间后备，为此，必须养成系统地记笔记的习惯。我现在有 40 本笔记。每一本笔记都用作记载关于教育学方面的一个专题的清晰而又仿佛是昙花一现的思想（这些思想"习惯"于只在头脑中出现一次，不再复现）。笔记中我只记录我阅读过的关于这个问题的最有趣的卓越思想。所有这些，将来都是有用的，都能很好地减轻脑力劳动。

10. 对于每一件工作，都要寻找最有效的脑力劳动的方法，避免公式化和老套子。要不惜花费时间去深刻地思考那些同你有关的事实、现象和规律的实质。你对问题思考得越深刻，记忆就越牢固。没有理解之前，就不要费心去记忆，这样做是白费时间。一看就懂的东西，不必细读，浏览一下就行了。但是切忌走马观花地去浏览那些费解的东西。任何"走马观花""不求甚解"都会迫使你不得不对某些事实、现象和规

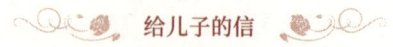

律回过头来去多次重新认识。

11. 如果住在一个房间里的人们不能协商好去共同严格遵守某些要求，那么任何个人的脑力劳动都不能顺利进行。因此，首先必须严格地约定，在一定的时间内严禁谈话、争吵，或者做破坏肃静的事情。在集中精力从事脑力劳动的时间里，每个人都必须完全独立地进行工作。

12. 脑力劳动要求逻辑思维和形象思维互相交替进行。要交替地阅读科学文献和文艺书籍。

13. 要改掉某些坏习惯，我指的是：开始工作以前闲坐 15 分钟，20 分钟；毫无必要地翻阅那些明明知道不应阅读的书本；睡醒了，在被窝里再躺 15 分钟；等等。

14. "等明天"是勤劳最危险的敌人。任何时候都不要把今天该做的事搁置到明天。而且应当养成习惯，把明天的一部分工作放在今天做完。这将是一种美好的内在动因，它对整个明天都有启示作用。

15. 任何时候都不要停止脑力劳动，一天也不要停。夏天不要丢开书本。每天都要用知识珍品来丰富自己，这是脑力劳动所必需的时间来源之一。

以上就是 15 条戒律，我认为，这 15 条戒律是每个大学生都应当遵守的。

祝你身体健康，精神愉快！

你的父亲

第 22 封信

亲爱的儿子：

你好！

请你回答我 3 个问题：

1. 到共产主义社会时，人将是怎样的？未来的人将具有哪些最重要的特征？

2. 什么样的品行在现代是最危险、最不能容忍的？

3. 在教育青年一代的工作中，最严重的缺点是什么？

第一个问题。未来共产主义社会中的人已经生活在我们中间。你不能做这样的设想：突然来到一个庄严的时刻，钟声轰鸣，宣告新人的诞生。我给你讲过的谢苗·拉夫连季耶维奇就是一个未来的人，庸俗的人们把这样的人称为怪人。我认识许许多多这样的人（恰好，我正想写关于这些人的书）。有这样一个人住在我们村里，离学校不远，你大概能猜到，我说的是伊万·普洛科夫也维奇。他有一个花园，是向众人开放的。他是住在他那条街上的 15 个孩子的教导员，整个夏天他都在花园里为孩子们忙碌，孩子们在那里制作收音机、玩耍、唱歌、学习拉小提琴……

有一个人住在邻近的房子里，那是一位退伍军官。他领取一笔可观的退休金，本可以安心地休息了，可是他从早到晚为大家劳动。他是共产主义思想的宣传家。他天天下地，到生产队去，到畜牧场去，找畜牧工人，找农民，给他们讲世界上发生的事情，给他们读文艺作品。他同大家在生产岗位上共同工作两三天，然后又去别的生产队或畜牧场。

共产主义社会的人，首先是善良的、理解别人、精神上需要别人的人，在我看来，这是未来的人的最主要的特征。深切地关心人，使每一个人、每一个我们的同胞，都成为精神丰富、道德高尚、聪明、勤劳的人，善于珍惜、尊重、爱护我们生活中最宝贵的——人，所有这一切，我称之为善良，称之为人性。

真正善良的、有人性的人都能深深地憎恨丑恶，我们要像教人们学会善良一样，去教人们学会憎恨。

在 B. 科热夫尼科夫的长篇小说《你们相识吧，巴卢也夫》中有这样一句美好的话："我觉得，一个人善于为自己的满足而工作，因而从自己的劳动中感受到忘我的喜悦，那就可以认为，他的一只脚已经踏进了共产主义。"热爱劳动，在劳动中显示自己的才能，这就是共产主义的理想在我们日常生活中生动的体现。当我们的国家没有一个人对劳动漠不关心，认为劳动只是取得一块面包的手段的时候，我们就能够肯定：共产主义已经深入每个人的心灵。在劳动中，在每个人的面前，展现着自我教育、自我认识、自我完善的无限的境界。由于无穷尽的劳动，人自身将成为无穷尽的，而他的完善也是无止境的。

第二个问题，最危险、最不能容忍的恶劣习性，我认为是没有人性，对人冷漠无情、残忍。这样的"恶"在我们的社会里还有很多很多。我给你讲讲不久以前我亲眼看见的一件事。

在第聂伯河上游的一个大村庄里死了一个 92 岁的女人，她是 4 个儿子的母亲，11 个孙子的祖母，22 个曾孙的曾祖母。她度过了艰难的一生。在 6 个坟墓里——在东普鲁士、在玛祖尔人的沼泽里、在喀尔巴阡山里、在柏林城下，都有她的骨血，在 6 个战士的方尖碑上都刻有她的姓氏，在每一个字母里，都有她的不眠之夜、她的激动和期望。

她最小的 50 岁的儿子怀着悲痛的心情对人们说："请帮助我安葬母亲吧。"木材场没有现成的棺材板，但是他遇到了善良的人们，他们脱下帽子，静默一分钟，然后锯开一棵大松树的树干，说："拿去吧，儿子，给你的母亲做棺材。"木板要运走，但没有汽车，汽车都在工作。这时他又碰到一个好心人。儿子拦下对面驶来的第一辆汽车，司机分担了他的苦痛，把自己的运输工作停了半个小时，把木板装上车，开出了木材场的院子。就在这时，发生了奇怪又野蛮的事情，汽车队的队长看见自己的汽车拉着木板，司机在大门外帮忙用绳子绑木板，他喊叫起来：

"这是干什么？你为什么不干自己的事？"

司机和死者的儿子对队长说："请不要喊叫，请想想吧，有人去世了。"队长仍无动于衷，不表示歉意，反倒大发脾气，暴跳如雷，在脸色苍白的司机的眼前挥舞着拳头，爬上汽车，把木板扔到地下。司机把车开走了，儿子站在木板跟前痛哭起来。他眼泪汪汪，没有发现有个不相识的人乘着大马车向他驶来。这个人是从奶油厂返回来的，听到吵闹声，他停下来，一切都明白了……。他把木板搬上大车，身体贴着那个痛苦不堪、受了凌辱的儿子的肩膀，低声问道："往哪儿拉呀？"

惨无人道，这是最可怕的、最不能容忍的道德堕落。你反复地问问自己：在我们这里，那些难以称他们为人的人们是在什么样的环境里长大的呢？产生冷酷无情、麻木不仁的原因何在呢？产生暴虐和惨无人道的社会条件在我们这里是没有的。那么，一定有什么别的原因。我从小就认识这个汽车队长，他叫伊万科。伊万科小时候是个普普通通的小孩，他和千万个别的孩子一样，上学念书；夏天下雨以后，他喜欢光着脚在小水坑里蹚步，翻过板墙到邻居的果树园里偷摘苹果，好像邻居家的苹果比他自己果园里的苹果更香甜。

但是还有别的事。这些往事，邻居们愤懑地讲过多次。伊万科的祖母同伊万科的双亲生活在一起，儿媳妇总是不喜欢她。祖母住在贮藏室里，自己给自己做饭。孩子常常听母亲说：老婆子厉害，不好……。有一次过节，母亲做好了冷菜。"端去，儿子，给奶奶。"她对孩子说，"把那个小盆子拿来，我们把洗净的排骨放进去……"。母亲让孩子去取柴火烧炉子时说："伊万科，挑干柴拿来，把湿的给奶奶留着，她不喜欢屋里太热。"于是孩子明白了，祖母是个卑贱的人。

有一年夏天，祖母对伊万科说："孙孙，你到草地里去，给我采点酸模来煮汤……"。孩子不愿意去草地，他跑到菜园子里，揪了一把糖萝卜的茎叶，给了祖母。她眼神不好，把糖萝卜茎叶切碎，煮了菜汤。而伊万科还跟伙伴们说，他是怎样欺骗祖母的。他嘲笑祖母说："瞎老婆子，有一次对我说：'你去采香薄荷来，我想把它撒在地板上，闻闻草香味'。我采来豌豆，把豆粒吃掉，把茎叶给奶奶拿去。她抱怨说：'我的上帝，从前香薄荷是香的，酸模是酸的，而今可不一样了……'"

听了伊万科的故事，孩子们惊奇地说：如果他们也干出这样的事来，父母会对他们说什么呢？家家户户在议论这件事，"厉害的儿媳，不孝的孙子"的丑闻传遍了全村……

几年过去了，伊万科长大了，参了军，并安然无恙地度过了整个战乱年代，但是他没有回到自己的家。在离村庄不远的地方，开了一个大发电厂，伊万科在那里的一个办公室找到了工作——经常外出，运输建筑材料。他在那里青云直上，先当调度员，后来又当上汽车队长。有人喜欢他，因为只要领导说半句话，他就能领会领导的意图，什么东西都能走后门搞来。

他的父亲死了，祖母死了，只剩下老母亲一个人。儿子把她安顿在自己的大石头房子的一间小贮藏室里，搬来一个炉子说："妈妈，你自己煮饭吃吧，安分守己地过日子，不要妨碍别人。"

大概，在这个时刻，母亲会想起当年自己对儿子的训示，她给婆婆送去了冷菜。也许，她还会记起那句民间名言，它教导说：关心人的心灵，不是当孩子顺着躺在床上，而是当他横着躺在床上的时候……。像汽车队长这样的人，人民叫作丑恶的人。未来不属于这样的人，未来属于那些现在已经达到共产主义人性高度的人们。

第三个问题，在教育青年一代的工作中所犯的最严重的毛病：我深信，这个毛病就是忘记今天的小孩子将是明天的成年人。很多的父母，甚至包括教师们，总是这样看待子女：他们永远是孩子。后来突然发现：不知不觉婴儿成了少年，而少年突然又到了该结婚的年龄，这才使父母大吃一惊。在小孩子身上看到明天的成年人，我觉得，这其中包含着父母、教师、一切教育孩子的人们的生活智慧。换句话说，就是要善于爱孩子。"孩子是神圣的和纯洁的，"契诃夫写道，"即使在强盗和鳄鱼那里，他们也在天使的位置上。我们自己可以爬进任何一个什么坑里去，然而一定要把他们安置在适合他们身份的气氛之中……。不能把他们当作自己情绪的玩具：忽而温存地亲吻，忽而狂暴地脚踢。专横的爱还不如不爱的好。"

专横的爱，这是一种可怕的摧残儿童的力量。父母之爱的专制主义在于，这"爱"是由情绪而来的：当父母心情舒畅的时候，在家里可以宽恕一切，孩子可以随心所欲，怎么都行，甚至小孙子可以用拳头打祖母或者嘲弄她——真有这样的事；如果情绪不好，父亲就虐待孩子。

我们教育的人是共产主义社会未来的公民，要珍爱和保卫我们的祖国，要增加我们的物质和精神财富，这样的人无论在生活的哪个领域，都应当是伟大的、精神丰富的、具有多方面用之不尽的才能的美好的人。他不仅应当准备在战场上立功，而且要准备在机床旁、在拖拉机驾驶盘旁或者在畜牧场上立功；他还应当准备年复一年地去照料卧床不起的病人，当黑夜里听到孤独的老人呻吟的时候，就跑去帮助他，不需要任何召唤，只是凭自己心灵的嘱咐。他应当是爱戴母亲、真诚地同情和关怀母亲的儿子，做不到这一点，他就没有道德权利称之为"人"，称之为"社会主义祖国的儿子"。他应当善于理解人的心情，善于懂得并用理智和心灵感知自己同胞的苦恼、悲痛和激动，并给予他们帮助，这才是人的高尚品格，才能用我们的原则"人与人是朋友、同志和兄弟"这句庄严的话语表达出来。

祝你身体健康，精神愉快！

你的父亲

出 版 人　郑豪杰
策　　划　祖　晶
责任编辑　李　杨
版式设计　郝晓红
责任校对　白　媛
责任印制　叶小峰

图书在版编目（CIP）数据

给儿子的信 /（苏）B.A.苏霍姆林斯基著；张天恩
等译. — 北京：教育科学出版社，2022.6
　（苏霍姆林斯基教育经典丛书）
　ISBN 978-7-5191-3133-3

　Ⅰ. ①给⋯　Ⅱ. ① B⋯ ②张⋯　Ⅲ. ①苏霍姆林斯基
(Suhomlinskii, Vasilii Aleksanlrovich 1918-1970) − 教
育思想　Ⅳ. ① G40-095.12

　中国版本图书馆 CIP 数据核字（2022）第 094655 号

苏霍姆林斯基教育经典丛书

给儿子的信

GEI ERZI DE XIN

出 版 发 行	教育科学出版社			
社　　　址	北京·朝阳区安慧北里安园甲 9 号	邮　　编	100101	
总编室电话	010-64981290	编辑部电话	010-64989436	
出版部电话	010-64989487	市场部电话	010-64989009	
传　　　真	010-64891796	网　　址	http：//www.esph.com.cn	
经　　　销	各地新华书店			
印　　　刷	保定市中画美凯印刷有限公司			
制　　　作	北京浪波湾图文工作室			
开　　　本	720 毫米 × 1020 毫米　1/16	版　　次	2022 年 6 月第 1 版	
印　　　张	7	印　　次	2022 年 6 月第 1 次印刷	
字　　　数	80 千	定　　价	20.00 元	